Los cuerpos
sutiles del hombre

Valerio Sanfo

LOS CUERPOS SUTILES DEL HOMBRE

dve PUBLISHING

© Editorial De Vecchi, S. A. 2018
© [2018] Confidential Concepts International Ltd., Ireland
Subsidiary company of Confidential Concepts Inc, USA
ISBN: 978-1-64461-044-2

Dedicado a Marina

ÍNDICE

CUERPO, ALMA
Y ESPÍRITU

... por lo demás, si reflexionamos, resulta inexplicable el hecho de que nosotros
seamos solamente lo que parecemos; nada más que nosotros, enteros y
completos en nosotros mismos, aislados, separados, circunscritos por el cuerpo,
por la mente, por la conciencia, por el nacimiento y por la muerte. Nos
volvemos posibles y verosímiles a condición sólo de desbordarnos por todas
partes y de prolongarnos en todos los sentidos y en todos los tiempos.

MAURICE MAETERLINCK

La tríada

Según el pensamiento filosófico y religioso, el ser humano está compuesto de tres partes: cuerpo, alma y espíritu. El cuerpo se organiza en niveles, desde las células hasta los órganos, aparatos y sistemas, permitiendo a una parte más sutil, el alma, desarrollar las actividades vitales.

La tarea del alma sería la de conocer el mundo externo, y como decía Aristóteles: «El alma es sustancia, es forma de un cuerpo natural, es el acto perfecto de un cuerpo natural orgánico».

El alma permitiría al hombre pensar y querer, y en todas las religiones podemos constatar que esta sobrevive a la muerte del cuerpo físico, manteniendo, durante un tiempo más o menos largo, esa unidad individual que poseía cuando estuvo acompañada del cuerpo material.

«El hombre posee tres aspectos de su naturaleza, a los cuales podemos referirnos con estas tres palabras: cuerpo, alma y espíritu. Con la palabra *cuerpo* se entiende aquello mediante lo cual se revelan al hombre las cosas que lo rodean. Con la palabra *alma* se quiere señalar aquello mediante lo cual el cuerpo une las cosas a su existencia, siente por ellas alegría y dolor, regocijo y pesar, etc. Por *espíritu* se entiende aquello que en el hombre se revela cuando, según la expresión de Goethe, él mira las cosas como ser, por decirlo de alguna manera, divino. De ese modo, el hombre es un ciudadano de tres mundos. Mediante su cuerpo, él pertenece al mundo que puede también percibir con el cuerpo; mediante el alma, se construye su propio mundo; mediante su espíritu descubre un mundo más elevado que los otros dos» (De la Torre, 1971, pág. 131).

Aparte de las diferentes terminologías, se puede afirmar que en las antiguas tradiciones y también en tiempos recientes, el hombre tiende a imaginarse que está constituido de varias partes; al menos de dos: cuerpo y alma, pero a menudo añade una tercera: el cuerpo espiritual.[1]

Cuando al hombre se le considera que está formado por dos partes, se incurre en un grave error que compromete a todo el conocimiento de la existencia humana y genera graves confusiones.

«La división ternaria es la más generalizada y, al mismo tiempo, la más simple que se puede hacer para definir la constitución de un ser vivo, particularmente la del hombre, porque está claro que la dualidad cartesiana de "espíritu" y "cuerpo" que, en cierto modo, se ha impuesto a todo el pensamiento occidental moderno, no corresponde en absoluto a la realidad. Sobre este aspecto ya hemos insistido bastante en otras ocasiones, por lo que no es preciso que volvamos de nuevo a incidir en él. La distinción entre espíritu, alma y cuerpo es la admitida por todas las doctrinas tradicionales de Occidente, tanto en la Antigüedad como en el Medievo. El hecho de que más tarde se haya terminado por olvidarla hasta el punto de concebir los términos "espíritu" y "alma" no más que como sinónimos bastante vagos y de emplearlos de forma indistinta a ambos, mientras que estos definen una realidad completamente diferente, es tal vez uno de los ejemplos más extraordinarios que se pueden citar de la confusión que caracteriza la mentalidad moderna» (Guénon, 1980, pág. 92).

---

1. La existencia Una, la Suprema, se manifiesta de triple modo, como Trimurti. Así se reconoce en casi todas las religiones bajo diferentes nombres: Sat, Chit, Ânanda; Brama, Vishnú, Shiva; Ichchhâ, Jnana, Kriya; Chochmah, Viña, Kepher; Padre, Hijo y Espíritu Santo; Poder, Sabiduría, Amor; Voluntad, Sabiduría, Actividad, etc.

Cada una de las tres partes tiene un objetivo bien preciso que desarrollar y una posición determinada en el «sistema hombre».

El cuerpo físico es, en última instancia, el producto de los componentes superiores: alma y espíritu. Dicho producto no es nada más que un resultado de verificaciones, una prueba de constatación, nada más.

El alma

El alma puede considerarse como la «sustancia» del hombre, el campo de acción y de conocimiento. Esta es el principio o causa de lo corpóreo. Todo lo que se produce de forma vital en el cuerpo físico es debido a la acción del alma.

Es fácil creer que el alma sea la única realidad del hombre, porque es en ella en donde se desarrolla toda la vida psíquica; sin embargo, la esencia de cada cosa reside en el Espíritu, como elemento incorruptible y divino.

Por lo tanto, podemos unir al espíritu la esencia, al alma la sustancia y al cuerpo físico el producto final.

«Esto deriva del hecho de que cuando se trata del ámbito de la existencia manifestada, nos encontramos a ese lado de la distinción entre Esencia y Sustancia; del lado "esencial", el Espíritu y el alma son, en niveles distintos, casi "reflejos" del Principio de la manifestación; del lado "sustancial", sin embargo, estos aparecen como "producciones" extraídas de la materia prima, pese a determinar a su vez sus últimas producciones en sentido descendente; y esto es así porque, para situarse en lo manifestado, deben convertirse también ellos en parte integrante de la manifestación universal. [...] Sólo el cuerpo, propiamente hablando, no puede considerarse nunca un "principio", porque siendo el resultado y el término final de la manifestación (siempre, se entiende, en los límites de nuestro mundo y de nuestro estado de existencia), es sólo "producto" y no puede convertirse bajo ningún aspecto en "productor". A través de esta particularidad, el cuerpo manifiesta todo cuanto es posible en el orden manifestado, la pasividad sustancial; pero, al mismo tiempo y por la misma razón, eso se diferencia claramente de la Sustancia en sí misma, la cual concurre en cuanto principio "materno" a la producción de la manifestación» (Ibídem, págs. 94-96).

El alma, con su posición intermedia, puede considerarse como intermediaria entre el cuerpo y el espíritu, por eso a menudo se la denomina «principio mediador», y cuando a su vez es dividida en tres partes, por ejemplo por Platón, es decir, en racional, irascible y concupiscible,[2] se acerca, por un lado, al cuerpo físico (alma concupiscible) y, en su extremo, al espiritual (el alma racional).

Cuando el alma tiende hacia el espíritu, se eleva; cuando tiende hacia el cuerpo físico, se sumerge.

«La parte anímica del hombre no está determinada sólo por el cuerpo. El hombre no vaga sin rumbo ni meta de una impresión sensorial a otra, ni tampoco actúa impulsado por cualquier estímulo dictado desde el exterior o decretado por los procesos de su cuerpo. Él reflexiona sobre sus percepciones y sus acciones. Y al reflexionar acerca de sus percepciones, adquiere conocimiento de las cosas; al reflexionar sobre sus acciones, lleva en su vida un nexo razonable. Y sabe que cumplirá su tarea como persona sólo si, tanto en el conocimiento como en la acción, se deja guiar por pensamientos justos. De ese modo el alma se encuentra frente a una doble necesidad.

»Por las leyes del cuerpo el alma está determinada por necesidad natural: de las leyes que la guían al pensamiento justo, ella se deja llevar porque reconoce libremente sus necesidades. A las leyes de intercambio, el hombre está sujeto por la naturaleza; a las leyes del pensamiento el hombre se agarra por sí mismo. Y así es como el hombre se convierte en partícipe de un orden superior al que él pertenece con su cuerpo. Y este es el orden espiritual» (De la Torre, 1971, pág. 133).

Al alma se la trata y se la considera más que al espíritu, no porque su valor sea el máximo, sino porque es el principio mediador decisivo sin el cual el hombre no puede elevarse ni ser libre.

El alma es la mediadora entre el presente y la eternidad. A través del recuerdo conserva el pasado, a través de la actividad se

14

---

2. O bien, según la teosofía antroposófica, en alma ignorante, alma racional y alma consciente.

prepara para el futuro. El alma, además de dividirse en tres partes, se descompone en niveles (cinco, siete o nueve), o planos, o cuerpos sutiles, porque de ese modo es posible conocer más fácilmente sus características. Resulta interesante observar cómo todas las tradiciones hacen referencia a la presencia de estos cuerpos sutiles, pese a que les asignen nombres distintos.

«La disponibilidad de un cuerpo sutil es tal que permite la conservación de la individualidad en el mundo anímico evitando la dispersión de lo que se denomina "rotura del cántaro", y es evidente de por sí. Es obvio que un ser no puede permanecer sin la separación del ambiente.

»Dicha separación, también en el ámbito anímico, no puede ser suministrada más que por una corporeidad. Se tratará de un cuerpo sutil, de carácter molecular o atómico o etéreo, y como tal no es perceptible sensorialmente» (Siano, 1977, pág. 23).

Resumiendo, el ser humano se compone de cuatro partes:

15

• *Cuerpo físico:* constituido por la parte material, por las células, por los aparatos y sistemas, agrupados en una forma única, es el límite de la propia consistencia física tratada como un contenedor.

• *Cuerpo anímico inferior:* es la psique, dividida en tres partes: cuerpo etéreo o vital, cuerpo astral y cuerpo mental.

• *Cuerpo anímico superior:* aquel depósito en donde reside la conciencia superior, o Yo superior, o Ego superior, en el cual se almacenan todas las experiencias que, a cada descenso en cuerpos inferiores, se añaden, vida tras vida, al ciclo de las reencarnaciones. También se le denomina *cuerpo causal*, o *mental superior*; en el hinduismo: Kârana Sharira.

• *Cuerpo espiritual:* constituido por el destello divino, que es la verdadera esencia inmortal del ser humano y que es única para todos los hombres.

El alma es la parte de la persona con la cual esta desarrolla todas sus actividades de interacción con el ambiente exterior. Junto al cuerpo físico, constituye la personalidad, y es el fruto de los condicionamientos ancestrales, sociales, éticos y, en general, culturales.

La teosofía también divide el alma en varias partes, llamadas *cuerpos sutiles,* y le asigna el estado de autoconciencia que perdurará incluso después de la muerte y que, poco a poco, se irá desvaneciendo, igual que sucede con el cuerpo físico que se queda en la Tierra; la conciencia disminuirá a medida que el alma se disuelva.

Tucci, a propósito del *Libro tibetano de los muertos*, concretamente de las cualidades del alma y refiriéndose, por lo que parece, al cuerpo causal como el aspecto más elevado del alma, escribe:

«Antes que nada, el principio consciente del difunto comienza a asumir un nuevo cuerpo. A propósito del cual habrá que entender que: no será un cuerpo de carne y hueso, sino aquel que los sistemas teosóficos de la India llaman el *cuerpo sutil*, que es como una proyección imponderable del cuerpo que revestía el difunto antes de morir o una anticipación de aquel que está a punto de tener. Este es un cuerpo que las escrituras llaman *mental* y que contiene en sí los caracteres de aquel que ya fue o de aquel que está por nacer, porque este, sea el que sea su aspecto, contiene las propensiones kármicas en él acumuladas.

»Y precisamente porque se trata de un cuerpo sutil no encuentra resistencia: es rapidísimo, capaz de moverse de un lugar a otro, hasta el más remoto, con la rapidez del pensamiento; las imperfecciones de los sentidos, si las hubo en vida, ahora han desaparecido, la actividad sensorial es perfecta, aguda, traslúcida» (Tucci, 1985, pág. 28).

Llegados a este punto, después de haber considerado las tres partes constitutivas del hombre —cuerpo, alma y espíritu—, hemos comprendido que, en esta tríada, la parte anímica asume un valor de mediación. Por este motivo, esta ha sido objeto de investigación esotérica desde los tiempos más antiguos.

No nos queda más que adentrarnos en sus particulares representaciones, llamadas con el nombre de *cuerpos sutiles*.

Por comodidad de exposición, utilizaremos la terminología propia del pensamiento esotérico occidental más difundido, es decir, el de los teosóficos, remitiendo en la conclusión a una serie de correspondencias con otras corrientes filosóficas y religiosas.

El alma es el conjunto de las actividades psíquicas, de la mente, a nivel receptivo, propioceptivo, consciente, inconsciente personal, inconsciente colectivo, y en la cual cada nombre se encuentra identificado, extrayendo informaciones, comparaciones. Es el lugar del placer, del pesar y de la justicia.

16

LAS DIEZ ALMAS

- Personal.
- Colectiva.
- Terrestre.
- Del sistema solar.
- De la galaxia.
- De los universos.
- Cósmica.
- Infinita.
- Divina.
- Desconocida o de Dios.

17

LEYES UNIVERSALES DEL ALMA

- La función superior regula la inferior.
- La función superior puede contener la inferior.
- Todos los seres vivos tienen un alma.
- Alma como principio informativo y vital (algunas veces sub-sistente).
- Las tres sedes más comunes: hígado, corazón, cerebro.
- Alma como medio de verificación, de lectura, de constatación.
- Alma mediadora entre presente y futuro.
- Alma como elemento complementario para dar vida a la vida.
- Alma como campo de acción y conocimiento.

EL CUERPO FÍSICO

El plano físico

El cuerpo físico es probablemente aquella parte humana de cuya existencia no cabe ninguna duda. Pero se sabe que el *quid vitale* no puede residir en otro lado, y como sabiamente afirma la filosofía oriental: «El cuerpo es sólo un contenedor que alberga un contenido». Cuerpo físico como «vaso» o «Atanor», en cuyo interior se desarrollan las actividades del ser humano.

El hombre es un microcosmos que refleja el macrocosmos, y así se compone de tres partes, tal como la divinidad le proyecta.

«El físico reconoce que la materia se manifiesta en tres estados: el sólido, el líquido y el gaseoso. El biólogo coincidirá con la existencia del mundo mineral, vegetal y animal, así como el místico asentirá ante la afirmación de que el hombre está hecho de cuerpo, alma y espíritu.

»En la tradición no existen contrariedades con respecto a estas afirmaciones, concibiéndolas de hecho como enésimas refracciones del mundo fenoménico, de los tres distintos, pero presentes, estados del ser. Distintos pero presentes, una aparente paradoja que encontramos en muchas religiones bajo la forma de trinidad divina, como la compuesta por Padre, Hijo y Espíritu Santo en el cristianismo, o como la de Brama, Shiva y Vishnú de la trinidad hindú. La cadena de analogías podría ser infinita» (Gaspa, 1995, pág. 27).

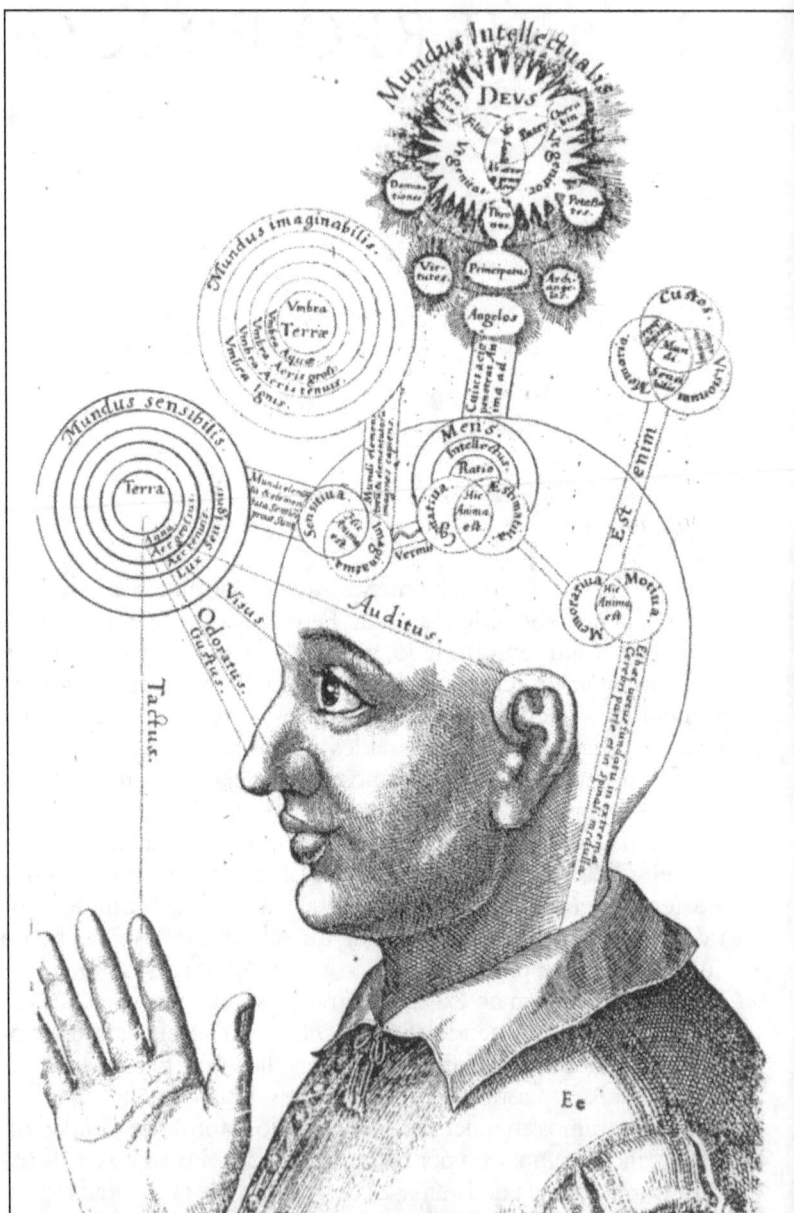

Robert Fludd, *Utriusque cosmi... historia*, la triple visión del alma en el cuerpo.

El plano físico, al que pertenece el cuerpo físico, está compuesto de tres reinos: mineral, vegetal y animal. Estos reinos, estrechamente entrelazados, plasman el cuerpo físico humano y señalan cómo la misma morfología corpórea tiene que presentarse dividida en tres partes. El cuerpo humano se puede dividir horizontalmente a través de ideales planos de secciones, obteniendo tres partes: la cabeza, el tronco y la parte inferior. En alquimia, los tres elementos correspondientes son: la sal para la cabeza, el mercurio para el tronco y el azufre para la parte inferior.

En la cabeza reside la parte más elevada del alma, el mundo espiritual: el elemento fuego, el astro solar, y por lo tanto es de signo positivo, que corresponde a lo masculino.

«En el cráneo en forma de cúpula (y la cúpula es un símbolo del cielo), el estratificado mapa del cerebro con las miles de neuronas no me impresiona menos que la visión del firmamento con sus miles de estrellas. [...] Mi cerebro refleja las constelaciones: por eso está alto, en la directriz vertical del espíritu y de la expansión cósmica» (Gianfranceschi, 1986, pág. 70).

El tronco, entendido como parte que abarca desde el cuello hasta el diafragma, es el lugar en donde reside el alma racional.

Los antiguos creían que en el corazón estaba la sede del pensamiento. El elemento del tronco es el aire, su signo es el positivo y el negativo juntos: el polo neutro.

La parte inferior del cuerpo, entendida desde el diafragma hasta los pies, representa la parte más material, correspondiente a la tierra, su signo es el negativo, lo femenino, y su astro, la luna.

«El vientre se parece a un crisol donde la materia se transforma en calor y energía. La forma ondulante y dulcemente convexa que se expande desde el ombligo es el signo de una centralidad menos íntima, más visible que la del corazón, pero también comunicativa y profunda» (Ibídem, pág. 86).

El ombligo se considera a menudo el centro del hombre; la distancia entre este y la planta de los pies, es decir, entre este y la tierra, representa el rayo originario del espacio mandálico.

«Al trazar, pues, un círculo desde el ombligo, considerado este como centro, el semidiámetro abarcará desde la planta de los pies hasta el ombligo» (Fludd, 1617).

En la investigación de la correspondencia micro-macrocósmica, el pensamiento mágico antiguo encontraba en la forma-dimensión del cuerpo humano la configuración del mundo; el hombre se transformaba así en una figura generadora del círculo. Ya no era el ombligo el que representaba el punto generador, sino los órganos genitales. El hombre, con la unión de los dos sexos, regenera el espacio vital en el cual puede realizar la propia naturaleza humano-divina.

Sólo separando las extremidades inferiores y extendiendo los brazos se puede contener la figura en una forma circular; los genitales son el punto central de la circunferencia.

«Para que el diámetro del hombre sea exactamente igual al del mundo, y para que desde el centro, o sea, desde la zona de los genitales y de la partes pudendas, se pueda trazar un círculo correspondiente a las dos extremidades del diámetro, no distinto de la circunferencia del mundo, lo he explicado ya con claridad. Y si se analiza en profundidad lo que he dicho, no resultará difícil darse cuenta de que la figura humana, entre todas las figuras geométricas, es igual a la del mundo; la única diferencia consiste en que la proporción métrica del cuerpo humano está más escondida, mientras

22

LOS COMPONENTES DEL CUERPO FÍSICO

Los tres estados	Sólido Líquido Gaseoso	Las tres manifestaciones de la naturaleza
Los tres reinos	Mineral Vegetal Animal	

Las tres partes	Cabeza – Sol: signo positivo, fuego
	Tronco (del cuello al diafragma):
	    signo neutro, aire
	Parte inferior (del diafragma a los pies):
	    signo negativo, agua, tierra	

Las tres partes de la cabeza	Parte superior (frente) Parte mediana (ojos, nariz) Parte inferior (boca)	

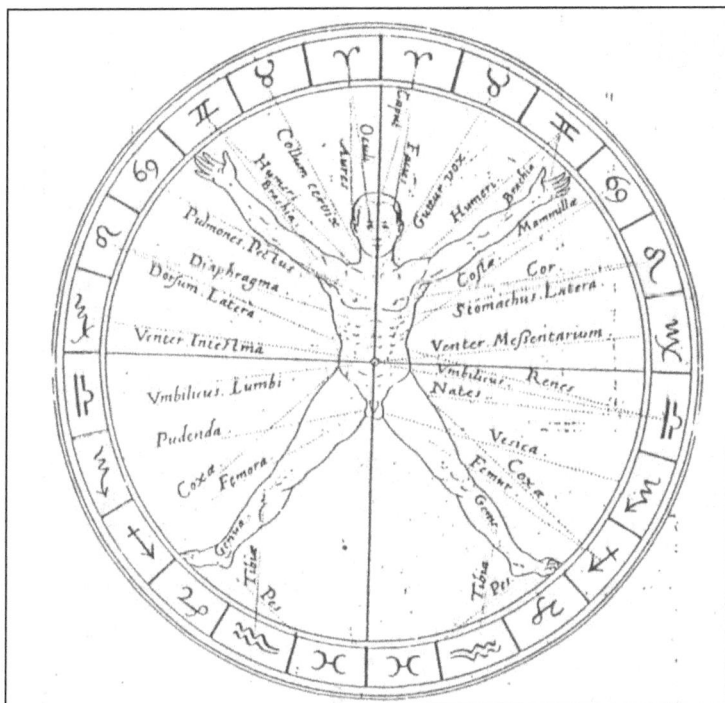

Robert Fludd, *Utriusque cosmi... historia*, la armonía del microcosmos externo: relación entre los signos zodiacales y las partes del cuerpo humano.

23

que la del cosmos es más patente. De hecho, si las articulaciones humanas, habitualmente replegadas, se extendieran, veríamos con claridad que su disposición o figura geométrica es perfectamente redonda; por eso cada planeta corresponde a una determinada parte del cuerpo, por armonía o contraste naturales» (Fludd, 1617).

A su vez, la cabeza se subdivide en tres partes: frente, parte mediana y parte inferior, repitiendo así el tripartito corpóreo.

Fisiognomía

De la observación del rostro surge una práctica denominada *fisiognomía*, la cual afirma poder descubrir el carácter de una per-

24

Robert Fludd, *Utriusque cosmi... historia*, frontispicio del segundo tomo.

sona a través de los rasgos de la cara y, de manera más generalizada, a través del aspecto morfológico del cuerpo. En la medicina tradicional china, el rostro se clasifica según los cinco elementos (Di Stanislao, Paoluzzi, 1991):

1. Tipo madera: rostro grande, huesudo y delgado.
2. Tipo fuego: rostro armónico y regular.
3. Tipo tierra: cabeza gruesa y rostro redondo.
4. Tipo metal: rostro alargado y nariz prominente.
5. Tipo agua: rostro cuadrado y labios carnosos.

En el ámbito de la psicología y de la psicosociología criminal, sobre todo en el siglo XIX y a principios del siglo XX, surgió una disciplina denominada *tipología*, cuyo objetivo era clasificar psíquicamente a los individuos en función de su constitución corporal. Las raíces de dicha disciplina arraigan en la teoría de los «temperamentos o cuatro humores»: sangre, flema, bilis y atrabilis, de Hipócrates. En el año 900 aproximadamente a. de C., Polibo de Coo dividió a los hombres en cuatro tipos principales patológicos: sanguinario, flemático, colérico o bilioso y melancólico.[3] En 1921, Kretschmer, partiendo del análisis de tipo somático-constitucional, configuró tres tipos fundamentales: *leptosómico*, es decir, sutil o débil, o sea, delgado y escuálido; *pícnico*, en otras palabras, denso o espeso, por lo tanto, bajo y achaparrado; y *atlético*, para indicar al tipo musculoso y huesudo. A lo largo del tiempo se han configurado otras muchas tipologías (véase tabla de pág. 26)[4] relacionadas con la idea de que entre cuerpo y psique existe una estrecha correspondencia. La dificultad de la aplicación práctica de estos modelos consiste en el hecho de que raramente es posible hallar individuos puros, mientras que existe una infinidad de matices entre un tipo y el otro.

25

3. «*a*) *Tipo sanguinario o impulsivo*: predominio de la sangre que procede del corazón y constituye el calor. Vivaz, sociable, superficial, proclive al entusiasmo y a la actividad.
»*b*) *Tipo flemático o linfático*: predominio de la flema que procede del cerebro, circula por todo el cuerpo y representa el frío. Proclive a la dulzura, pero torpe y lento en sus movimientos, carente de iniciativa, indeciso.
»*c*) *Tipo colérico o bilioso*: predominio de la bilis amarilla segregada por el hígado y constituye la sequedad. Tenaz, volitivo, rebelde, inteligencia rápida, proclive a la ira y a las fuertes pasiones.
»*d*) *Tipo melancólico o atrabiliario*: predominio de la bilis negra, humor que del bazo llega al estómago y constituye lo húmedo. Proclive a la tristeza, al desánimo y a la depresión» (Appiaciafuoco, *Sommario di psicologia*, Giunti, 1962, pág. 186).
4. Tabla (pág. 26) extraída de *Psicología* de Peter R. Hofstätter, 1964, pág. 382.

	Constitución somática		
Autor	de proporciones anchas y redondas	con aparato esquelético muscular muy desarrollado	de proporciones largas y sutiles
Hipócrates *(400 a. de C.)*	apoplético	—	tísico
Hallé *(1797)*	vascular	muscular	nervioso
Rostan *(1828)* **Sigaud** *(1904)*	digestivo	muscular	respiratorio
Beneke *(1832)*	carcinomatoso	normal	escrofuloso-tísico
Rokiansky *(1850)*	apoplético	normal	asténico
Carus *(1852)*	flemático	atlético	asténico-cerebral
De Giovanni *(1870)*	pletórico	atlético	tísico
Viola *(1909)*	branquitipo macrospláncnico	normotipo normopláncnico	longitipo micropláncnico
Kretschmer *(1921)*	pícnico	atlético	leptosómico (asténico) (esquizotímico)
Conrad *(1941)*	picnomorfo	hiperplástico	leptomorfo
Sheldon *(1940)*	endomorfo viscerotónico	mesomorfo somatotónico	hectomorfo cerebrotónico

26

BIOTIPOLOGÍA

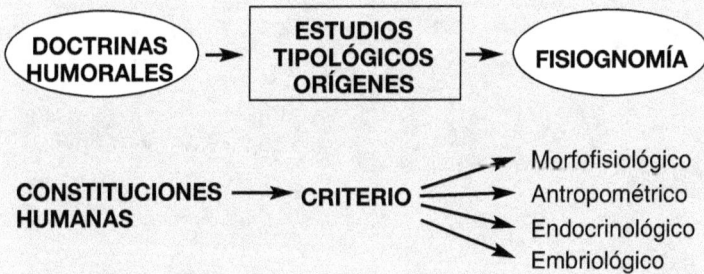

```
( DOCTRINAS  ) →  ┌─────────────┐  → ( FISIOGNOMÍA )
( HUMORALES  )     │  ESTUDIOS   │
                   │ TIPOLÓGICOS │
                   │  ORÍGENES   │
                   └─────────────┘
```

CONSTITUCIONES → CRITERIO ⟨ Morfofisiológico
HUMANAS   Antropométrico
                            Endocrinológico
                            Embriológico

BIOTIPOLOGÍA: instrumento interpretativo y semiológico del terapeuta, apto para facilitar el conocimiento y la interpretación del paciente y de sus desequilibrios (Valerio Sanfo).

27

Giovanni Battista della Porta: el hombre-búho.

Giovanni Battista della Porta: el hombre-perro.

Giovanni Battista della Porta: el hombre-oveja.

Charles Le Brun, siglo XVIII: paralelismo entre la fisonomía animal y la fisonomía

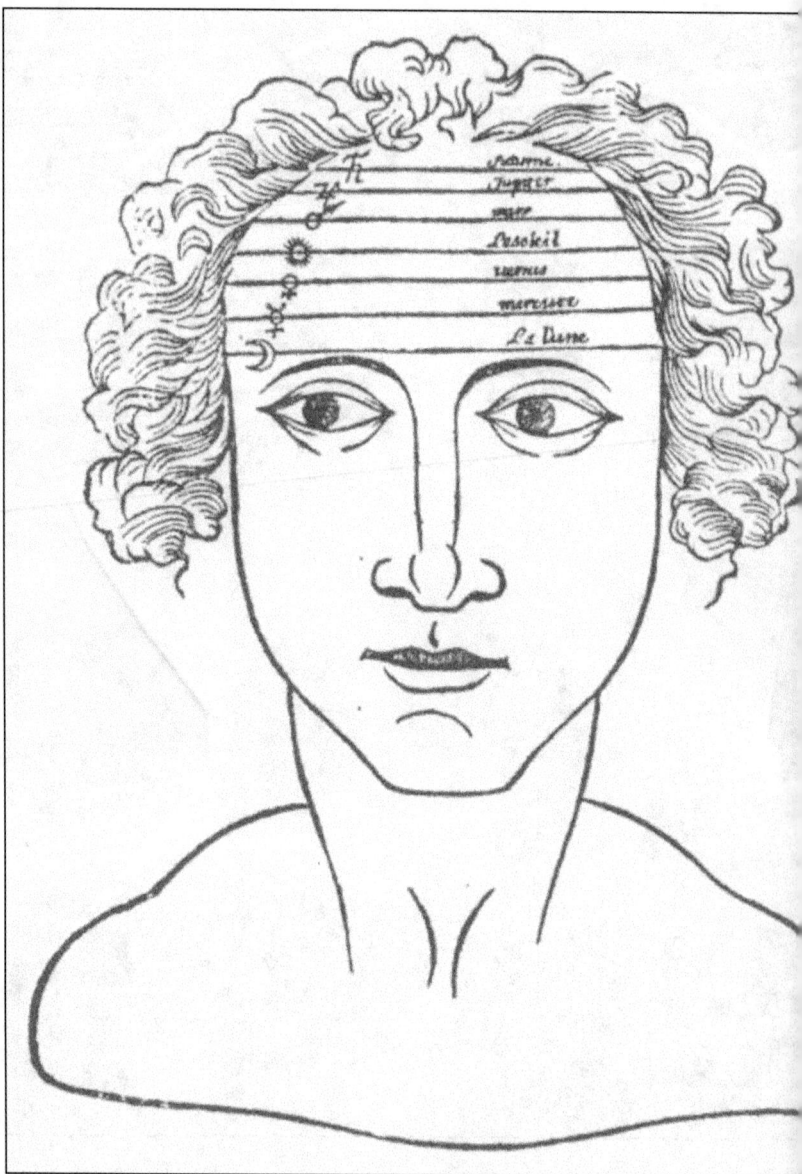

humana.

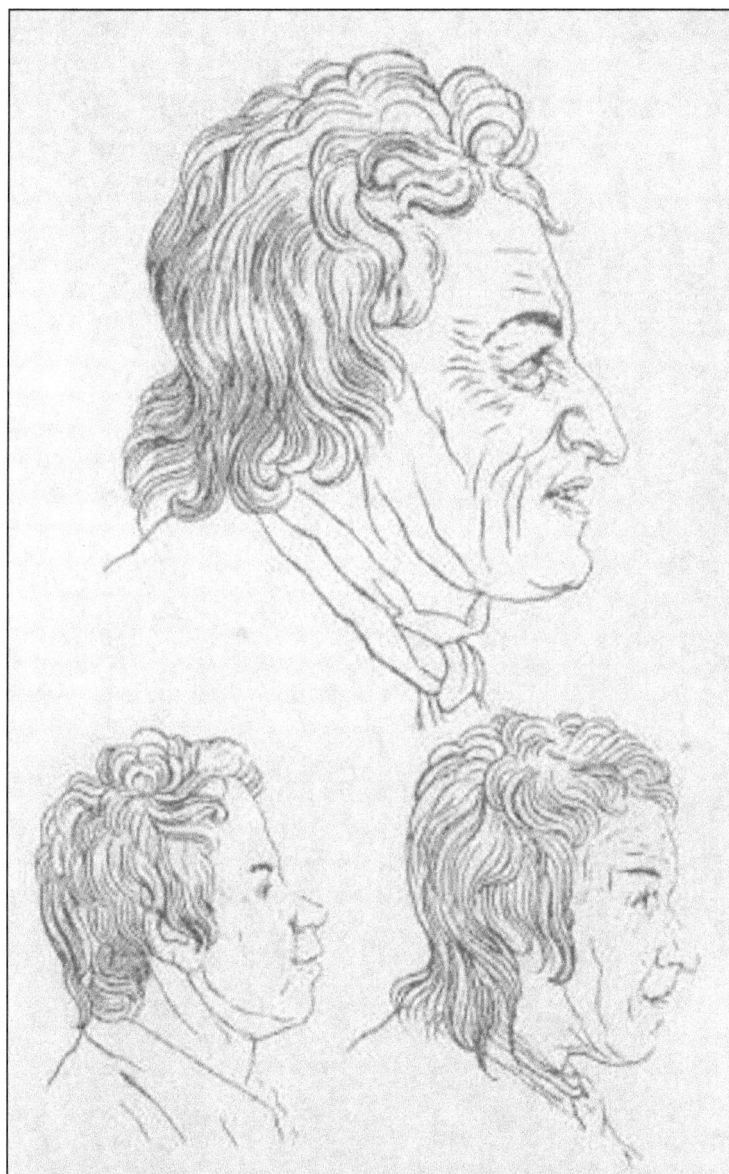

Gerolamo Cardano, *Metoposcopia* (París, 1658): posición de los planetas en las líneas del rostro.

EL DOBLE ETÉREO

Relación con el físico

Es el segundo cuerpo, después del físico, y a menudo se le conoce como *cuerpo astral*, aunque, como veremos, este último es un cuerpo independiente. La confusión entre los dos se debe a la primera literatura teosófica, que llamaba a lo etéreo con el nombre de *astral*. En Egipto, el doble etéreo se denominaba *Ka*.

Según el lugar y los contextos culturales, este cuerpo astral asume otros nombres: «El verdadero término hindú para el doble etéreo es *Prânamayakosha*, es decir, vehículo de *Prâna*; en alemán se conoce con el nombre de *Doppelgänger*; después de la muerte, cuando es separado del cuerpo denso, es conocido como *la Aparición* y se le llama también *fantasma* o *aparición* o *espectro de los cementerios*.

»En Râja Joga al doble etéreo y al cuerpo denso juntos se les conoce como *Stûlopâdhi*, es decir, el más bajo Upadhi de Atma» (Powell, 1935, pág. 12).

El nombre *doble etéreo* se refiere a la perfecta representación en pareja del cuerpo físico o denso. Cada célula del cuerpo denso posee un doble etéreo; lo mismo sucede con los tejidos, los órganos y con los aparatos del cuerpo físico. Existe, por ejemplo, una mano derecha etérea que es el doble de la mano física. Todo el cuerpo tiene su doble, que es su copia más fiel.

«El cuerpo denso o tosco está constituido dentro de la matriz de este cuerpo vital durante la vida prenatal y, salvo excepción, hay una copia exacta, molécula a molécula. Así como las líneas de fuerza, en el agua que hiela, constituyen las vías para la formación de cristales de hielo, las líneas de fuerza en el cuerpo vital determinan la fuerza del cuerpo denso. Para toda la vida, el cuerpo vital construye y repara el cuerpo denso. Si no existiese el corazón etéreo, el corazón denso se rompería en seguida debido a la continua tensión al que lo sometemos. Todos los abusos al que sometemos al cuerpo denso son contrarrestados por el cuerpo vital, por lo que está en su manos, ya que este siempre combate contra la muerte del cuerpo denso» (Mishlove, 1977, pág. 285).

Es preciso destacar que el cuerpo físico es el resultado de la acción del etéreo y no al revés; se puede afirmar, pues, que entre el físico y el etéreo, es este último el que vale más, por ser la causa del primero.

El cuerpo doble etéreo vive indisolublemente ligado al cuerpo físico, del cual sólo se separa tras su muerte (fallecimiento celular); a partir de ese momento el «doble» empieza a esparcirse en lo etéreo del planeta Tierra, en lo que se llama *plano etéreo*.

«El doble puede ser separado del cuerpo físico denso bien por un accidente, por muerte, por una acción de anestésicos, como el éter o el gas, o por mesmerismo. Al ser el anillo de conjunción entre el cerebro y la conciencia superior, su expulsión forzada del cuerpo físico denso mediante anestésicos produce la insensibilidad» (Powell, 1935, págs. 14-15).

Se considera, pues, que existe una materia más sutil denominada etérea. A la primera muerte, la física, debe seguirle la segunda muerte, la del cuerpo etéreo. Se trata de un proceso bastante largo según los individuos y su grado de evolución.

El miembro fantasma

La pérdida de una parte del cuerpo, como la amputación de una mano, también significa una muerte de la parte física: millones de células mueren en el momento en que se encuentran separadas del cuerpo que las alimentaba. La parte etérea es más lenta en desvanecerse que la física. Eso depende también de la aceptación, por parte del individuo, de la pérdida de una parte de sí mismo.

Cuanto más rápidamente el hombre acepte, por ejemplo, la pérdida de la mano, más deprisa se desvanecerá la parte etérea. El cuerpo etéreo comprende una energía más sutil, pero que siempre forma parte de la totalidad del ser.

Y he aquí por qué el hombre tiene la sensación del miembro fantasma. Sobre el efecto de la articulación fantasma se han formulado numerosas hipótesis, ya sea de tipo neurológico como psicológico. Es sabido que el 95 % de los sujetos a quienes se les ha amputado una extremidad superior o inferior continúan advirtiendo la presencia de la parte del cuerpo de la que se hallan ya privados.

Muchos de estos sujetos dicen que sienten cosquilleos, algunos padecen además fuertes dolores o están en condiciones de percibir la presión de una mano sobre la parte que les falta, enumerando incluso las zonas en las que creen que son tocados. El miembro fantasma continúa efectuando aquellos movimientos que realizaba cuando estaba vivo, hasta el punto de que el amputado debe recordarse a sí mismo que ya no posee aquella parte del cuerpo, de lo contrario intentará agarrar objetos o levantarse de la silla empleando para ello esa parte del cuerpo que ya no posee.

Una de las explicaciones plausibles presentadas por la ciencia a este respecto es la posibilidad de que, en el cerebro, exista un mapa detallado de cada parte de nuestro cerebro que permanecería inalterado incluso después de que una parte física faltase, hasta el punto de que el mapa mental no sufriría modificación alguna, por lo que en el sujeto perduraría el efecto del miembro fantasma.

La fisiología esotérica, sin embargo, explica el fenómeno con la presencia real de la parte amputada; o mejor dicho: la parte densa del cuerpo ya no existe, pero está aún presente la etérea, y es precisamente esta, junto con otras partes sutiles que analizaremos más adelante, las que continuarían manifestando su propia presencia. Para dejar de sentir la presencia del miembro amputado, será preciso esperar no la cancelación figurativa mental, sino la muerte del doble etéreo.

35

Resulta interesante observar que el efecto de la articulación fantasma puede afectar a cualquier parte del cuerpo, como si el concepto de la presencia de un doble tisular y celular fuese válido. Por lo que respecta a la hipótesis neurofisiológica anteriormente mencionada, Enzo Giacobini de la Universidad del Sur de Illinois escribe: «No sólo son las extremidades las que producen los "fantasmas". Cualquier parte de nuestro cuerpo está en condiciones de hacerse recordar de manera patente y real después de la amputación. Se ha descrito el caso de dos pacientes a los que se les amputó el pene. El primero fue en todo momento consciente de la presencia de un miembro erecto, mientras que el segundo se lamentó de una constante y dolorosa "erección fantasma". También los dolores de la menstruación pueden manifestarse después de la extirpación del útero. La vejiga puede continuar pareciendo llena después de la extirpación, y también el recto. En el caso de los sujetos parapléjicos, aquellos que sufren parálisis debido a una lesión de la médula espinal, el fantasma de la mitad del cuerpo paralizado está presente y vivo no sólo en la mente, sino también en la "realidad". La parte del cuerpo paralizada "se mueve" cuando el paciente se esfuerza para hacerla mover» (1990, pág. 22).

Lo que puede corroborar la hipótesis fisiológica tradicional del doble etéreo aún presente es que el halo energético, llamado *aura vital*, que rodea al cuerpo físico sigue completo incluso cuando una parte del cuerpo ha sido amputada. Así, por ejemplo, el vidente continúa percibiendo la presencia de un antebrazo y lo ve como cuerpo etéreo, aunque la extremidad haya sido amputada.

«Debemos recordar, de hecho, que la materia etérea, pese a que sea invisible a simple vista, es de naturaleza puramente física y, por ello, puede resentirse de los efectos del frío o del calor, así como aquellos causados por poderosos ácidos.

»A veces ocurre que las personas a las que se les ha amputado una extremidad se lamentan de sentir dolor en el extremo del miembro seccionado, por lo tanto, en un punto concreto del miembro amputado. El fenómeno es debido al hecho de que la parte etérea del miembro no ha sido amputada junto a la parte densa física; el vidente constata que esta continúa visible en su lugar. Por ello, con estímulos especiales se pueden producir, en este miembro etéreo, sensaciones que son transmitidas a la conciencia» (Powell, 1935, pág. 16).

Parece incluso posible fotografiar el miembro fantasma utilizando la cámara Kirlian, un aparato del que nos ocuparemos en el próximo capítulo y que muestra la energía vital a través de descargas eléctricas, las cuales provocan «el efecto corona».

El efecto llamado de la «hoja fantasma» se obtiene presentando ante la cámara Kirlian una hoja a la cual le ha sido extirpada una parte.

En la fisiología esotérica, el doble etéreo, llamado también *cuerpo vital*, adquiere un valor diagnóstico. De hecho, la emanación energética llamada aura etérea, o de la salud, contiene todas las características vitales que pueden constatar la presencia de desequilibrios psicofísicos.

«Así pues, como este es el vehículo, no de la conciencia mental, sino del *prâna* o vitalidad, no puede ser separado de las partículas densas a las que transmite las corrientes vitales sin que la salud se resienta» (Powell, 1935, pág. 14).

El cuerpo doble etéreo, o cuerpo vital, tiene principalmente dos funciones: una es la de absorber el *prâna* o energía vital y pasarla al cuerpo físico, y la otra es la de hacer de intermediario, como un *trait d'union*, entre el cuerpo físico y el cuerpo astral.

«Esta parte invisible del cuerpo físico es de gran importancia para nosotros, ya que por medio de su vehículo fluyen las corrientes de la vitalidad y mantienen el cuerpo en vida, como un puente que une las ondulaciones del pensamiento y del sentimiento desde el astral a la materia física densa, de otro modo el ego no podría utilizar las células de su cerebro» (Leadbeater, 1984, págs. 2-3).

El efecto Kirlian

En 1939, un joven ingeniero electrónico ruso llamado Semyon Daridovich Kirlian tocó accidentalmente un electrodo mientras estaba reparando un aparato y recibió una ligera descarga eléctrica.

Su atención se fijó entonces en el destello eléctrico que se había generado, y pese a que el destello duró tan sólo un instante, pudo observar que este había producido determinados efectos luminosos. Al joven ingeniero se le ocurrió «detener» estáticamente aquel espectáculo, hasta que colocando una plancha fotográfica entre el electrodo y su mano, disparó varias fotografías. El resultado fue sorprendente: aparecieron formas llameantes, brillantes, con puntos más o menos luminosos, y alrededor de los dedos se veía un halo simétrico.

Gracias a la válida ayuda de su esposa, Valentina, Kirlian desarrolló una larga serie de experimentos basados en el efecto corona, considerando ya entonces la posibilidad de fotografiar aquello que los esotéricos denominaban *aura vital*, es decir, el *cuerpo astral*.

Dicho sistema ha tomado el nombre de su creador, y es por todos llamado *cámara Kirlian*. Su principio se basa en el efecto corona debido a un generador de tensión de alta frecuencia.

Al poner una película en contacto con el cuerpo que se debe fotografiar y atravesándolo por una corriente de alta frecuencia que puede oscilar entre 30.000 y 200.000 impulsos por segundo, queda impresa en la película una energía parecida a un halo, con algunos puntos de concentración de luz, hasta el punto de configurarse un mapa bien determinado del objeto.

La cámara Kirlian fue refutada por la ciencia, porque cualquier objeto sometido a estas altas tensiones crea un efecto corona que tiene puntos con mayor emisión de energía, debido a la propiedad dispersiva de las puntas.

En efecto, el sistema Kirlian se basa en la mutua inducción entre dos circuitos. En el mismo principio se apoya el carrete de Ruhmkoff, del que han derivado los sistemas de ascensión llamados de delco, que son usados normalmente en los motores de automóviles.

Gracias a este efecto eléctrico transmitido por el objeto en cuestión hacia la atmósfera, se han podido comprender numerosos fenómenos, dando la razón a los videntes que, desde siempre, sostenían que veían alrededor de las personas un halo en movimiento de diversos colores.

La descarga eléctrica no hace más que evidenciar esta energía, permitiendo su percepción a través del sentido de la vista. Es decir, aquello que no nos está permitido ver fisiológicamente es desplazado hacia un plano que entra a formar parte de nuestro campo visual.

Lo mismo sucede con la película fotográfica, que nos permite fijar también los rayos infrarrojos que a nosotros nos resultan invisibles.

Si el objeto en cuestión es un ser vivo, animal o vegetal, este presenta un mapa de líneas luminosas con puntos más o menos resplandecientes desde los cuales se deslizan rayos de colores de mayor intensidad con respecto al resto del objeto. Estos puntos, en el ser humano, corresponden exactamente a los puntos chinos de la acupuntura, ubicados en zonas bien determinadas e iguales para todos los hombres.

CARACTERÍSTICAS DEL CUERPO ETÉREO

• Construye y repara el cuerpo físico.

• Se separa del cuerpo físico sólo después de la muerte.

• Cada parte física (comprendida la célula) posee una parte contraria etérea.

• Distribuye la energía vital al cuerpo físico.

• Tiende a mantener en el tiempo la propia integridad.

• Es la sede de la percepción física del dolor.

• Hace de intermediario entre el cuerpo físico y el cuerpo astral.

39

EL CUERPO ASTRAL

Características

El cuerpo astral se considera el tercer cuerpo del hombre, siguiendo el doble etéreo al cual está íntimamente vinculado. En su posición jerárquica, el astral es superior al doble etéreo o cuerpo vital, el cual a su vez es superior al cuerpo físico.

Los antiguos egipcios se referían al cuerpo astral con el nombre *ba,* y lo representaban bajo la forma de un pájaro provisto de grandes alas y con la cabeza humana. En el momento de la muerte, el *ba* salía del cuerpo y permanecía suspendido en el aire, tal como muestran las pinturas de la época.

El cuerpo astral se llamaba en Alemania *Doppelgänger*; en Escocia, *taslach*; en Noruega *vardger*; y en Inglaterra *fetch*.

El cuerpo astral se llama de este modo porque extrae sus energías de su plano sutil correspondiente, que lleva el mismo nombre, el plano astral, y que está compuesto por los astros, identificados con los planetas del sistema solar. Estos, desde la fecundación en el útero materno, prodigan al hombre y al animal sus propias energías, dando forma a su contrario «cuerpo astral», indispensable para la vida terrestre.

«El conjunto de las partes astrales de nuestra tierra y de los otros planos físicos, como los planetas exclusivamente astrales de nuestro sistema solar, forman de manera colectiva el cuerpo astral del Logos Solar, y eso muestra hasta qué punto era verdadera la antigua concepción panteística» (Powell, 1936, pág. 20).

El cuerpo astral se diferencia claramente del doble etéreo, porque en este no existen partes contrarias representativas de cada parte del cuerpo físico. En el cuerpo astral, las partículas se hallan esparcidas y en continuo movimiento, es como si en cada parte del cuerpo astral estuviese presente todo el resto del cuerpo. Eso hace que los ojos astrales se hallen difundidos por todo el cuerpo astral, en un continuo torbellino.

«La materia del cuerpo astral está en continuo movimiento; sus partículas, fluyendo y agitándose como las del agua hirviendo, pasan continuamente a través de cada centro de fuerza» (Powell, 1935, pág. 70).

Se podría afirmar que la sustancia que forma el cuerpo astral no está especializada y diversificada a nivel bioquímico, sino a nivel energético. La peculiaridad del cuerpo astral es que este contiene la conciencia del individuo.

«Según el Tantra y las ciencias ocultas, el cuerpo astral es el atributo de nuestra personalidad. Si tenemos que decir quiénes somos, según el Tantra, no podemos decir yo soy un hombre o yo soy una mujer. ¡No! Deberemos decir que nuestra auténtica personalidad es Shiva-lingam. Es así» (Satynanda, 1987, pág. 53).

El cuerpo astral se presenta como un huevo en el cual se halla tanto lo etéreo como lo físico. Se trata de un envoltorio energético a través del cual se manifiesta toda la actividad física.

Los pensamientos, los miedos, los deseos, los sentimientos, etc., componen una masa energética en la que el hombre se encuentra envuelto. Podemos afirmar, pues, que en el cuerpo astral se proyecta la personalidad del individuo, y comprender por qué a este se le denomina también cuerpo emocional o del deseo.

A los ojos de un vidente, el hombre aparecería bajo la forma de un ovoide nebuloso con un continuo cambio de las «partes» que se mueven en su interior.

Se puede, por lo tanto, designar este cuerpo sutil con el apelativo de «atmósfera humana» en comparación con la atmósfera terrestre, que está en continua actividad y transformación.

De hecho, en el cuerpo astral, una emoción imprevista se presentaría como una perturbación atmosférica, con zonas oscurecidas y con rayos luminosos como los relámpagos de un temporal, mientras que un ataque de celos o de cólera se manifestaría con un fogonazo en la zona de la cabeza.

«Como en los casos precedentes, el fondo común del cuerpo astral es temporalmente oscurecido por el fogonazo sentimental, aunque en este caso, por desgracia, los pensamientos fuertes y vivos son los de la malicia y el rencor.

»Una vez más, estos se manifiestan como espirales o torbellinos de masas pesadas y atronadoras de un negro tiznado, iluminados en su interior por el resplandor lívido del odio. Grumos menos definidos de la misma nube oscura ensucian todo el cuerpo astral, mientras las flechas del fuego de la ira incontrolada irradian como relámpagos.

»Se trata de un espectáculo tremendo y realmente terrible, y cuanto más se comprende más terrible se muestra. Este es, en realidad, el caso de un hombre completamente fuera de sí por la ira, un hombre que por un tiempo ha perdido por completo el control y es capaz de matar o de llevar a cabo atroces crueldades» (Leadbeater, 1991, pág. 114).

Al contrario, también los estados de ánimo positivos como la devoción, la oración y el afecto se manifiestan en el interior del cuerpo astral a través de variaciones cromáticas, de densidad y de movimiento, como zonas serenas y luminosas de la atmósfera.

Kâma y Manas

El cuerpo astral se puede considerar el cuerpo de las sensaciones y de las emociones. Entre ellas, la que prevalece en los hombres es el deseo, que ocupa gran parte de la materia sutil que compone sus cuerpos astrales.

El deseo, tal como nos recuerda San Agustín, es uno de los peores pecados, porque te lleva a querer aquello que aún no te es posible tener. El principio del deseo se llama Kâma y su correspondiente lugar astral se denomina Kâmaloca; es el opuesto de la libertad, de la voluntad autónoma, del ser querido. Esclavitud, animalidad, instinto bestial son algunos de sus atributos.

En el hombre bestia el cuerpo astral se denomina precisamente Kâma Rûpa, es decir, alma animal.

Una importante función del cuerpo astral es la de hacer de intermediario entre las actividades físicas y la vida mental.[5]

La conciencia de las funciones cerebrales, de la actividad mental, en especial la memoria, son posibles gracias a la intervención del cuerpo astral, que media y transforma las actividades psíquicas en elaboraciones endocrinas-nerviosas: las señales bioeléctricas de los nervios y las sensaciones hormonales de las glándulas endocrinas en el tejido sanguíneo son una consecuente manifestación de ello.

«Por lo tanto, sin el cuerpo astral no habría ningún vínculo entre el mundo exterior y la mente del hombre, ni ningún nexo entre las impresiones físicas y su percepción por parte de la mente.

»En sentido inverso, cada vez que nosotros pensamos, ponemos en movimiento la materia mental que hay en nuestro interior; las vibraciones generadas son transmitidas a la materia de nuestro cuerpo astral, la cual las remite a la materia etérea, que actúa sobre la materia física densa, sobre la sustancia gris del cerebro.

»El cuerpo astral es, pues, un auténtico puente entre nuestra vida mental y nuestra vida física, y sirve de medio de transmisión para las vibraciones que van del plano mental al físico y viceversa, y que se desarrolla principalmente con el continuo pasaje de vibraciones en ambos sentidos» (Powell, 1936, pág.38).

Así como *Kâma* representa el aspecto animalesco del cuerpo astral, podemos decir que *Manas* representa el aspecto más evolucionado e inteligente.

A la misma mente se la ubica también en el astral, como manifestación de los cuerpos aún más sutiles que lo distinguen. Manas y Kâma, elementos superior e inferior de la mente, establecen con su presencia una red de conexión que permite al hombre

44

---

5. «Por ahora nos limitaremos a enumerar brevemente los principales modos según los cuales el cuerpo astral puede ser utilizado como vehículo independiente de conciencia. Estos son:

1. Durante la conciencia de vigilia ordinaria, es decir, cuando el cerebro y las personas están completamente despiertas, los poderes de los sentidos astrales pueden ser puestos en movimiento. Algunos de estos poderes corresponden a los sentidos y a los poderes de acción del cuerpo físico.

2. Durante el sueño o en estado de trance, al cuerpo astral le es posible separarse del físico, moverse y funcionar libremente sobre su propio plano.

3. Es posible desarrollar los poderes del cuerpo astral de manera que se pueda abandonar el cuerpo físico en cualquier momento, pasando por el cuerpo astral sin interrupción de conciencia.

4. Después de la muerte física, la conciencia se retira al cuerpo astral; la intensidad y la duración de la vida en el plano astral dependen de un gran número de factores, tal como veremos en el capítulo sobre la vida después de la muerte» (Powell, 1936, pág. 43).

discernir entre sí mismo y el ambiente, así como también acumular informaciones mnemónicas.

«El Manas no podría por sí mismo actuar sobre las células del cerebro físico, pero unido al Kâma es capaz de poner en movimiento las moléculas físicas, produciendo así la "conciencia del cerebro", que comprende la memoria y todas las funciones ordinarias de la mente humana tal como nosotros la conocemos. No es en realidad el Manas superior, sino el Manas inferior (es decir, la materia de las cuatro subdivisiones inferiores del plano mental) el que está asociado al Kâma. En la psicología occidental, Kâma-Manas se convierte en una parte de aquello que en ese sistema se llama mente. Kâma-Manas, al hacer de vínculo entre la naturaleza inferior y la superior del hombre, se convierte en el campo de batalla de la vida física, y tiene una función muy importante en la existencia post mórtem» (Powell, 1936, pág. 39).

Manas se presenta bajo dos principios: Manas inferior y Manas superior; este último forma parte de los principios inmortales del hombre, mientras que Manas inferior es el medio de la libre elección, del libre albedrío y, por lo tanto, de la voluntad autónoma. El hombre debe comprender la diferencia sustancial que existe entre Kâma y Manas, y delegar a Manas la tarea de la coordinación y del control, con el fin de que la parte inferior, Kâma, obedezca y acepte el rol subordinado que le compete. Los vicios, los hábitos residen en Kâma, y la libertad de estos en Manas inferior, que a su vez es el reflejo de Manas superior, que junto a Buddhi y Atmâ contribuye a la formación de la parte inmortal del hombre.[6]

Así como el plano astral está dividido en varias partes, lo mismo ocurre con el cuerpo astral, que se presenta jerarquizado y organizado en fases que vibran a través de distintas frecuencias energéticas. Cuanto más desordenado, egoísta y material es el hombre, más fragmentado será su cuerpo astral; por el contrario, siete o cinco fases vibracionales evidencian el cuerpo astral de un individuo armonizado.

45

6. «Podemos clasificar los principios del hombre en:
Atma, Buddhi, Manas superior, inmortales
Kama Manas, condicionalmente, inmortales
Prana, Doble etéreo, Cuerpo físico denso, mortales» (Powell, 1936, pág. 42)

«Un hombre evolucionado posee cinco tipos de vibraciones en su cuerpo astral; un hombre corriente tiene, al menos, nueve, con una mezcla de diferentes matices. Muchas personas tienen cincuenta o cien, teniendo la superficie del cuerpo astral dividida en una multiplicidad de pequeños remolinos y de corrientes contrarias que colisionan en el más grande de los caos. Este es el resultado de las emociones y de las inútiles perturbaciones, de las que Occidente está lleno y a través de las que se desperdicia gran parte de su fuerza.

»Un cuerpo astral que vibra a la vez de cincuenta maneras distintas no es sólo malo de por sí, sino que es además una causa de turbación para los demás; este puede compararse a un cuerpo físico que padece un grave tipo de parálisis en el que los músculos se contraen todos simultáneamente. Dichos efectos extraños son contagiosos y turban a las personas sensibles que se encuentran cercanas, porque les produce una penosa sensación de inquietud y agitación. Y así como millones de personas son víctimas de alteraciones de ese tipo debido a cualquier tipo de sentimientos y deseos irracionales, del mismo modo resulta desagradable para una persona sensible vivir en una gran ciudad o encontrarse en medio de una multitud. Estos continuos desórdenes astrales pueden actuar también a través del doble etéreo o producir enfermedades nerviosas.

»Los centros de inflamación son para el cuerpo astral lo que los tumores son para el cuerpo físico, no sólo desagradables en sí mismos, sino también causantes de puntos débiles a través de los cuales se esfuma la vitalidad.

»Estos no ofrecen prácticamente ninguna resistencia a las influencias malignas y obstaculizan toda posibilidad de acción por parte de las buenas influencias. Desgraciadamente, dichas condiciones están muy difundidas, y el remedio consiste en evitar mostrarse inquietos, preocupados o temerosos» (Powell, 1936, págs. 28-29).

En el esoterismo occidental, sobre todo en el pensamiento teosófico, se considera que el cuerpo astral puede ser utilizado en plena conciencia, tal como sucede con el cuerpo físico. Para que eso suceda es preciso percibir la presencia del cuerpo astral y ser conscientes de sus funciones. Los cinco sentidos utilizados por el hombre para entrar en contacto con el mundo exterior no son más que el uso de los sentidos más sutiles que residen en el cuerpo astral. Por ello podemos afirmar que este cuerpo sutil posee vista astral, orejas astrales, tacto astral, etc.

En realidad, sólo algunos hombres están en condiciones de utilizar conscientemente el cuerpo astral, porque dichos hombres presentan determinadas actitudes que no poseen los demás, y pueden percibir aquello que no permite precisamente percibir el sistema sensorial nervioso. Estos hombres se llaman videntes.

Johann Caspar Lavater: tres perfiles de hombres estúpidos.

47

Viaje astral

Un aspecto peculiar del cuerpo astral es que, durante la noche, en el estadio de sueño profundo, este se aleja del cuerpo físico y vaga más o menos a lo lejos para visitar lugares y desarrollar actividades anímicas.

Según Rudolf Steiner, el cuerpo astral de los hombres evolucionados se desprende cada noche del estado de sueño profundo, se difunde por las esferas planetarias y vive en la Luna, Marte, Venus, Saturno, etc.

Son numerosos los motivos por los que recordamos nuestra cotidiana vida astral. Sin embargo, no todos se desprenden del cuerpo y se difunden en los planos astrales, puesto que ello se debe a su baja evolución espiritual. Podemos decir que la atracción hacia el cuerpo etéreo y físico es tan grande que, en el sueño profundo, sólo una parte del astral consigue salir, quedándose la otra frenada por los pensamientos y emociones y fluctuando en la zona de la cabeza.

Hay que señalar que el cuerpo astral vive principalmente de emociones y tentaciones, y que sólo la fuerza de voluntad es el medio para educar esta parte.

Todos los placeres que están dirigidos hacia nosotros mismos —desde la comida empleada como medio de placer, a la lujuria, hasta la soberbia— ejercen una importante acción sobre nuestro cuerpo astral, hasta el punto de no permitirle desarrollar su propia actividad.

El cuerpo astral es la sede de los placeres y los hastíos, de las alegrías y las penas, es el centro de nuestra conciencia. El sabio, el iniciático, el asceta, el santo, utilizan este cuerpo y, cada noche, realizan viajes astrales, de los que conservan un gran recuerdo al despertar.

A través del acto de la voluntad, estos pueden desplazarse a cualquier lugar de la Tierra para poder ayudar a las personas necesitadas.

Si analizamos algunos santos de la Iglesia católica, encontraremos que muchos de ellos realizaban viajes astrales y eran vistos al mismo tiempo (bilocación) en lugares distintos. Entre los más conocidos se puede mencionar a San José, San Felipe Neri, San Juan de la Cruz, San Alfonso de Liguria, San Clemente,

San Francisco Saverio, San Antonio de Padua y el padre Pío de Pietrelcina.

Realizar viajes astrales no sólo es posible durante el sueño, pues basta alcanzar un estado de relajación y aplicar algunas simples técnicas mentales para salir del cuerpo físico y desplazarse a

La proyección del cuerpo astral en un dibujo de Peter Yanaoka.

lugares lejanos, siendo conscientes y teniendo pleno conocimiento de todo cuanto sucede.

Las antiguas civilizaciones hablan de viajes astrales y experiencias extracorpóreas, desde los chamanes hasta los ascetas, desde los yoguis a los monjes budistas y zen.

Los chamanes decían que se podían desplazar por el espacio a sus anchas, utilizando un segundo cuerpo que les permitía efectuar los «viajes celestes».

También las antiguas civilizaciones orientales contaban que el alma superior podía salir del cuerpo y viajar al cielo asumiendo la forma del cuerpo mismo o bien la de un pájaro.

El tránsito

Todas las antiguas religiones coinciden acerca de la existencia de una vida después de la muerte, en la que las primeras sensaciones serían idénticas a las del viaje astral.

En el momento de la muerte, el cuerpo etéreo también se separa del físico y se une al astral. La persona fallecida es, de este modo, perfectamente consciente, hasta el punto de que, en muchos casos, no consigue comprender que está muerta.

Dos civilizaciones muy distintas debido a la época, costumbres y ubicación son, precisamente, la tibetana (en el *Libro tibetano de los muertos*) y la egipcia (en el *Libro egipcio de los muertos*), y ambas analizaron el momento del tránsito, llegando a las mismas conclusiones.

Y a conclusiones parecidas, en tiempos y lugares más próximos a nosotros, se ha llegado a través del estudio de las experiencias psíquicas que se desarrollan entre la muerte clínica y la reanimación médica (investigaciones publicadas por médicos) e investigaciones llevadas a cabo en el ámbito universitario.[7]

---

7. «En la universidad de Oxford se creó un doctorado de investigación para estudiar los diversos casos de presunta OBE; desde los primeros resultados se ha podido constatar sujetos "de riesgo" en los jóvenes con una edad comprendida entre los 15 y los 25 años, mentalmente activos y físicamente relajados; los datos demuestran que el 20 % de la población tiene, al menos una vez en la vida, una experiencia de salida del cuerpo» (Noticia extraída de *L'Unità*, 10/12/93, A. Bernabei).

El momento del tránsito es, en sus primeras fases, igual al desdoblamiento. Una energía (la astral), con las semejanzas del cuerpo físico, se separa de éste junto con el cuerpo etéreo, y el difunto ve, muchas veces, desde arriba de la habitación su propio cuerpo rodeado por los parientes.

La memoria es muy activa, el razonamiento es perfectamente luminoso y, con el pensamiento, es posible desplazarse de un lugar a otro, pasar a través del cuerpo de los vivos y atravesar las paredes.

Observamos que hay muchas concomitancias entre la experiencia del desdoblamiento astral y el momento del tránsito. De ello se comprende que el hombre no piensa con el cuerpo (sistema nervioso, neuronas), sino con un *quid* que comúnmente se llama «alma» o «psique».

Sólo de este modo somos capaces de poder explicarnos la posibilidad del viaje astral y la plena conciencia por parte del difunto durante esta fase. El cuerpo no es más que un medio de comunicación con los demás y un contenedor de ese *quid* anímico-espiritual que es el verdadero hombre.

La capacidad de abandonar el cuerpo físico y moverse libremente con el astral no es un requisito exclusivo de los santos y los ascetas, sino una experiencia mucho más común de lo que se pueda creer.

Encuestas realizadas en Inglaterra y en Estados Unidos han revelado que aproximadamente el 20 % de las personas se ha desdoblado, al menos, una vez en la vida, aunque haya sido de manera involuntaria.

Este fenómeno puede ser debido también a determinados estados que, excepcionalmente, permiten el recuerdo del viaje astral. Proyecciones ocasionales se manifiestan en el caso de graves traumas, como en algunos accidentes de circulación, en operaciones quirúrgicas bajo anestesia, bajo fuertes tensiones emocionales o durante largos periodos de hospitalización.

Para definir estos fenómenos se utilizan términos como proyección astral, viaje astral, salida del cuerpo físico o, más comúnmente, desdoblamiento, abreviado con las siglas OBE o bien OOBE, palabra compuesta por las iniciales inglesas *out-of the body experience*, es decir, «experiencia fuera del cuerpo», o *Eckankar* (abreviado *Eck*), palabra hindú que significa «viaje del alma». Otras veces se utiliza la expresión «experiencia extra-somática o ectosomática».

Con el desdoblamiento o viaje astral, el sujeto deja el cuerpo físico y adquiere conciencia de existir en un plano distinto, y puede alejarse a su voluntad de su parte física. Según el periodo histórico y los investigadores de las diferentes escuelas, a la parte contraria, la no física, que se separa del verdadero cuerpo, se la ha llamado de diferentes maneras: cuerpo-alma, cuerpo-fluido, cuerpo etéreo, etéreo superior, cuerpo radial, cuerpo-espíritu, etc. Por lo general, hoy en día los parapsicólogos llaman a esta parte contraria cuerpo astral.

El OBE forma parte de las facultades de la clarividencia y se le denomina clarividencia viajante, debido a que en el sujeto se crea un estado asomático que instaura la sensación de la ausencia del cuerpo físico y produce la impresión de estar fuera del cuerpo. En efecto, el sujeto se desplaza sólo en el espacio y no en

52

El episodio del «vuelo» realizado en un sueño de Usha (de Bhagavata Purana). El ángel de la muerte agarra el alma del moribundo, representada por un niño

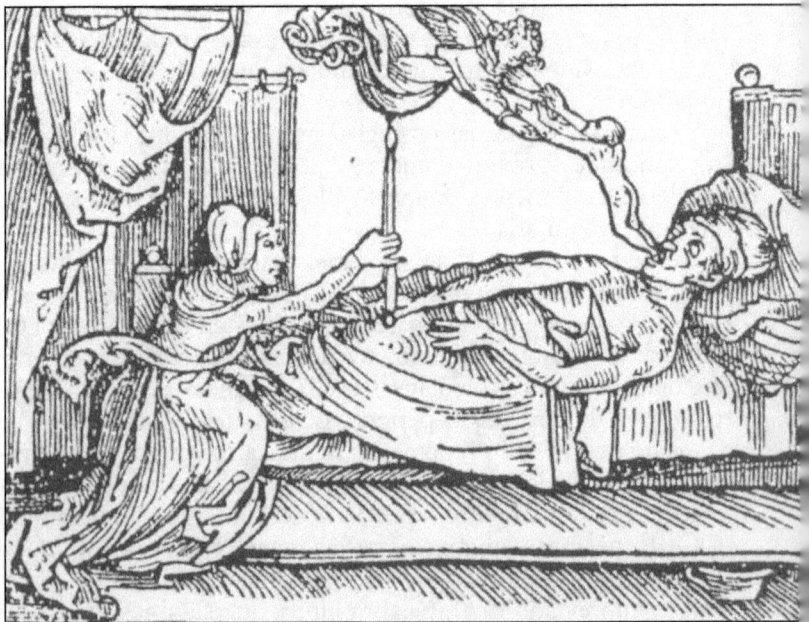

el tiempo, y vive situaciones diversas, pero que se desarrollan en el mismo momento.

En el ámbito de la medicina, el desdoblamiento no es aceptado como una facultad de determinados individuos para utilizar un cuerpo suyo más sutil, sino que se considera una información mental errónea, privada de la realidad sensorial, denominada alucinación *autoscópica*, que el sujeto actúa para huir de una situación estresante o de soledad.

Una manifestación típica de desdoblamiento es la creación de un amigo invisible en los juegos solitarios de los niños. En la mayor parte de los casos, las personas que están en condiciones de desdoblarse ven su cuerpo físico unido al cuerpo astral a través de un cordón umbilical energético de color plateado, y pueden liberarse en la habitación o bien alejarse a su gusto. Algunos llaman a esta posibilidad *bilocación*, que, sin embargo, se diferencia del puro desdoblamiento astral.[8]

La disolución

El cuerpo astral se expande aproximadamente medio metro del cuerpo físico y asume una forma ovoide. En el cuerpo físico también está presente el astral, es decir, la concentración del cuerpo astral es mayor en la parte física.

«La materia del cuerpo físico siente una fuerte atracción por la del cuerpo astral, por eso la mayor parte (cerca del 99 %) de las partículas astrales se hallan comprendidas en el cuerpo físico, y sólo una centésima parte llena el resto del ovoide, formando el aura» (Powell, 1956, pág. 18).

Al igual que el cuerpo físico, el astral también envejece y se consume y necesita alimentarse para vivir. Pero este no se nutre de alimento material, sino de energías sutiles procedentes del plano

---

8. La bilocación es un perfeccionamiento del desdoblamiento; en este caso, el sujeto es visible por varias personas en dos o más lugares al mismo tiempo. En realidad, más que presencia simultánea, la bilocación puede considerarse un viaje astral, con la diferencia de que el sujeto desdoblado está en condiciones de despertar, a través de su cuerpo astral, la clarividencia de las personas, hasta el punto de que estas consiguen verlo.

De este modo, el cuerpo físico está presente donde se halla, mientras que su doble se encuentra en otro lugar, según el testimonio de las personas que ven cómo el astral se intercambia por el verdadero cuerpo físico.

astral, y cuanto más altruista y evolucionado es el individuo, más energías astrales vitalizantes se canalizan hacia el cuerpo astral.

Normalmente, en el plano astral están presentes siete divisiones, y el hombre más evolucionado entra en contacto con las partes más sutiles de estos siete planos.[9]

Existen, por lo tanto, mundos que cada uno ve de manera distinta (subjetivamente) según sea el propio grado de evolución. Debemos señalar que lo mismo sucede en el plano físico: el hombre poco evolucionado ve en el mundo sólo la injusticia, la mezquindad y la maldad, mientras que el evolucionado, más allá de sus aspectos negativos también ve el amor y la comprensión. En primer lugar, la vida es una lucha continua por sobrevivir, y en segundo lugar es una escuela donde continuamente se aprende a mejorar.

En el astral, la dinámica no cambia y se propone de nuevo el mismo tema.

Cada individuo conecta con el plano astral y lo percibe según los sentidos que utiliza. Hay quien usa la energía más baja (la primera) y hay quien emplea la más alta.

Se dice que en este plano se encuentran los amigos y otras personas, aunque sólo aquellas que vibran en la misma frecuencia.

Los difuntos, habiendo perdido el cuerpo físico, sólo pueden entrar en contacto con el mundo exterior a través del astral, aunque este ya no puede sentir el físico. De hecho, el difunto ve en sus parientes vivos su cuerpo astral. Intenta hablar con ellos, pero estos no le responden, porque la barrera física los mantiene a raya. Sin embargo, cuando el vivo se adormece o diversifica el estado de conciencia, también se desplaza hacia el plano astral y, finalmente, puede entonces establecerse la comunicación con el difunto.

El difunto tiene el mismo aspecto que cuando tenía el cuerpo físico, acude a los mismos lugares que frecuentaba cuando estaba vivo: un parque, un bar, casas de amigos, una iglesia, etc. Se da cuenta de que para desplazarse de un lugar a otro basta con desearlo. Tiene necesidades corporales, como hambre y sexo, pero no consigue satisfacerlas porque el cuerpo físico que le falta se lo impide.

9. «Respecto al macrocosmos, es sabido que todas las religiones antiguas consideraban que los astros eran imágenes y sedes de los dioses (Dioses astrales). En otras palabras, creían que detrás del astro había un dios que desde su lugar estelar era capaz de incidir en las vivencias humanas» (Siano, 1977, pág. 29).

Esta fase es, en el fondo, muy dolorosa, pero poco a poco, y con cierta rapidez, según sea el grado de evolución, los deseos y las necesidades relacionadas con el cuerpo físico se desvanecen, y el cuerpo astral comienza a desplazarse hacia «lugares más elevados». Por lugar más elevado se entiende una zona más ale-

desnudo (*Mortilogus di Reiter*, 1508).

jada de la Tierra, donde la vida astral es realmente agradable. Aquí no hay necesidad de trabajar, ni es preciso comer; no hay antagonismo, ni lucha, ni calor, ni frío, sino sólo la percepción interior y exterior de los propios sentimientos.

En este plano viven también las energías negativas que han sido relegadas por aquellas que las han precedido, como sombras, larvas, formas de pensamiento y alucinaciones. Son las cualidades negativas, las escorias, que tientan a los seres vivos, tanto en el plano puramente astral como en el físico. Son los deseos, las malas costumbres, las pasiones, las emociones que dan vida a estos elementos negativos o que se convierten en alimento de todas aquellas entidades que por sus características vibracionales anhelan estas energías.

Aquellas que no mueren, que se llevan a cuestas como una maleta, son algunas representaciones vitales del alma, como los vínculos afectivos, los condicionamientos culturales, los pensa-

56

Aparición de un fantasma en una antigua postal japonesa.

mientos obsesivos, la religiosidad, la amistad y el altruismo. Sólo cuando estas representaciones se separan de dichas características, consideradas negativas en este plano, se puede entonces morir astralmente y desplazarse hacia otro plano más sutil: es el nacimiento del plano mental inferior.

Lingam

En la representación gráfica de los chakras, se recurre, tanto en el chakra Muladhara como en el Ajna, al símbolo de la unión de las dos polaridades, compuesta por un elemento femenino, *yoni*, y uno masculino, *lingam*.

A menudo, en dichas figuras, se quieren ver representadas la vagina, el falo y su unión, el acoplamiento sexual.

En los templos hindúes, los lingam están construidos con piedras pulidas a mano durante años, hasta tal punto que adquieren una forma ovoide alargada. Los lingam se insertan en la fisura de una piedra, la yoni, el elemento femenino.

Hay que señalar que considerar estas representaciones como puras y simples figuras sexuales está fuera de lugar. Los lingam pretenden representar la pureza de la energía primordial, mientras que el trabajo de pulimento lento y laborioso simboliza el proceso de los cambios de los estados de conciencia que, poco a poco y a través de un largo trabajo de eliminación de las asperezas, lleva a alcanzar la forma perfecta, el huevo cósmico, concebido y alimentado por la madre Tierra, la yoni.

En el lenguaje filosófico alegórico, el término *lingam* indica el cuerpo astral, o mejor aún, el atributo principal con el que el cuerpo astral se recubre.

Podemos decir que el lingam indica la personalidad individual y, por lo tanto, la calidad del cuerpo astral.

«Así como tu cuerpo tiene dos o tres atributos, lo masculino o lo femenino o lo neutro, al mismo tiempo posee también la mente, la emoción y el intelecto, e incluso el propio astral tiene sus atributos» (Satynanda, 1987, pág. 53).

El cuerpo astral puede ser masculinizado o feminizado independientemente de las características morfológicas del cuerpo físico y presentar rasgos y tendencias típicas de la personalidad;

por eso, en la antigua filosofía hindú, su representación ideográfica es un símbolo masculino-femenino llamado Shiva-lingam.

El cuerpo astral puede subdividirse cualitativamente en tres partes: una inferior, una media y una superior. Sus respectivas ubicaciones son: para la inferior, la zona del chakra Muladhara; para la media, la zona de la frente donde reside Ajna, y para la superior, la punta de la cabeza en Sahasrara. Según el grado de evolución, está más activada una parte que otra y, naturalmente, cuanto más evolucionado es el hombre, la conciencia del cuerpo astral más dirigida está hacia lo alto. Para indicar el nivel de purificación, se asignan determinados colores a las tres partes del cuerpo astral: negro para el poco evolucionado, gris humo para el medio y blanco luminoso para el evolucionado.

«Estos tres colores de Shiva-lingam representan los tres estadios de purificación o evolución de nuestra conciencia astral. Conciencia astral vaga, conciencia astral consolidada y conciencia astral iluminada. La conciencia astral iluminada es conocida como Jyotir Lingam. En Sahasrara, el lingam es conocido como Jyotir Lingam. En Ajna es conocido como Itarakhya Lingam. En Muladhara es conocido como Dhumra Lingam, es decir, el incierto [...]. Los atributos del cuerpo astral son tres: incierto, sólido e iluminado. Por lo tanto, Shiva-lingam representa la conciencia astral del hombre» (Satynanda, 1987, págs. 53-54).

Los chakras

Los siete niveles del universo, o planos de la manifestación divina, que se encuentran en los siete cuerpos, impenetrables e interdependientes, están al mismo tiempo conectados a los siete centros de fuerza, en el seno de cada cuerpo, llamados *chakras*.

Estos chakras canalizan en el cuerpo humano, desde los niveles más materiales a los más sutiles y viceversa, la energía de origen cósmico representada por dos corrientes, Ida y Pingala.

Cada chakra está relacionado con los plexos (complejos nerviosos), conocidos en la fisiología convencional moderna, y actúa a través del sistema psico-neuro-endocrino-inmunitario (PNEI).

Cada uno de ellos corresponde a una función vital, que resulta esencial para la evolución espiritual de los seres.

58

Chakra coronal	Sahasrara	Continuidad de la conciencia	Espíritu divino
Chakra frontal	Ajna	Clarividencia	Espíritu vital
Chakra de la garganta	Vishuddha	Clariaudición	Cuerpo causal
Chakra cardiaco	Anahata	Comprensión	Cuerpo mental
Chakra umbilical	Manipura	Sensación	Cuerpo astral
Chakra esplénico	Svadhisthana	Desplazamiento	Cuerpo etéreo
Chakra Raíz	Muladhara	Sede de la energía cósmica que se desarrolla con la kundalini	Cuerpo físico

Técnicas de desdoblamiento

Por acopio de información, exponemos a continuación algunas de las técnicas que se utilizan para inducir a la salida del cuerpo astral, es decir, al desdoblamiento.

Estas técnicas son el resultado de investigaciones bibliográficas y sólo deben contemplarse desde este punto de vista. Dejamos, pues, al lector la posible utilización de dichas técnicas y no asumimos ninguna responsabilidad al respecto.

Técnica de Monroe

Se trata, por así decirlo, de la técnica clásica de desdoblamiento. Fue desarrollada por Robert Monroe, que presume de haber realizado más de 600 salidas del cuerpo.

En primer lugar, es necesario adquirir una preparación mental para vencer el miedo que existe en cada uno de nosotros. Con esta finalidad deben practicarse muchos ejercicios de relajación, intentando prepararse psicológicamente para la prueba y contemplando todas sus posibles ventajas.

Durante una semana, y con ejercicio diario, debemos conseguir una relajación profunda, hasta que el tacto, el oído y el olfato se hayan desinhibido y tengamos la sensación de un cuerpo ligero, expansivo. Por último, se practicarán los ejercicios que deberán conducirnos a un estado vibracional.

Siempre inmersos en un estado de relajación profunda, nos fijaremos, con los ojos cerrados, en un punto de la frente, entre las cejas y aproximadamente a dos centímetros de profundidad (el punto conocido como *tercer ojo*).

A continuación se proyectarán hacia arriba, y siempre con los ojos cerrados, dos rayos luminosos que parten de los ojos y se encuentran en un punto colocado a una distancia imaginaria de unos treinta centímetros. Estos dos rayos simulan la proyección hacia el exterior del tercer ojo.

Ahora es preciso imaginar el punto visualizado como si hubiese sido sometido a una ligera presión, que lo impulsa hacia una altura prácticamente igual a la del cuerpo. El punto debe ser seguidamente proyectado hacia atrás hasta hacerlo caer al suelo.

De este modo se instaura la fase vibracional. Es como si fuera un bramido, un escalofrío que recorre todo el cuerpo. Ha llegado el momento de pensar en separarse del cuerpo, en elevarse, fluctuando en el aire.

Técnica de la trampilla

Una vez hemos alcanzado la relajación, nos imaginamos que nos encontramos en una trampilla oscura. Miramos hacia arriba y vemos una pequeña luz a lo lejos. Nos concentramos en ella y pensamos que recorremos hacia arriba la trampilla para alcanzarla. A medida que avanzamos, esta luz es cada vez más grande y luminosa.

Ahora pensamos que alcanzamos esta luz y que la atravesamos. De pronto somos seres ligeros, que parece que estemos volando y que nos movemos libremente.

Pensamos que nosotros mismos somos esta luz, pensamos que nuestro cuerpo está hecho de esta luz, que se eleva ligero en el aire.

Técnica del espejo

Después de la adecuada preparación mediante una relajación profunda, pensamos en un gran espejo. Dicho espejo es grande, más grande que nuestro cuerpo, y está colocado aproximadamente a un metro de nosotros. Nos imaginamos delante de este espejo mientras observamos nuestro cuerpo. Miramos nuestro rostro, los brazos, las piernas.

Ahora nos concentramos en nuestra figura, que aparece reflejada y pensamos en que somos atraídos por ella.

Nos imaginamos que nos acercamos cada vez más a nuestra figura reflejada, como si esta nos engullera. Nos acercamos aún más, nos fundimos con la figura, y pasamos al otro lado. Al otro lado del espejo nos aguarda una nueva dimensión, mientras nuestro cuerpo físico se ha quedado atrás.

Técnica del corazón

Después de la adecuada relajación profunda, prestamos atención a nuestro corazón.

Sentimos cómo palpita de manera rítmica y regular; nos concentramos en sus latidos. Entramos en sintonía con nuestro corazón, el símbolo de la vida.

Nos concentramos en nuestro corazón, pensamos que el eco de su latido se expande por todo el cuerpo: por las piernas, los brazos, el vientre y el rostro. Sentimos en nuestro cuerpo una multitud de corazones que laten. Todo nuestro cuerpo late con nuestro corazón, cada músculo comienza a vibrar, una onda rítmica invade nuestro cuerpo a cada latido cardiaco.

Se trata de una sensación agradable, todo nuestro cuerpo vibra al ritmo del corazón.

Ahora pensamos en separarnos de nuestro cuerpo y en quedarnos suspendidos en el aire, pensamos que somos libres y que podemos desplazarnos hacia cualquier dimensión.

CARACTERÍSTICAS DEL CUERPO ASTRAL

- Sustancia especializada a nivel energético.
- Atributo de la personalidad del individuo.
- Cuerpo de las emociones y deseos.
- Intermediario entre el cuerpo físico-etéreo y el mental.
- Escenario de las actividades mentales.
- Campo de batalla de la vida.
- Se nutre de alimento emocional.
- Puede salir y alejarse del cuerpo físico.
- Permanece durante un cierto tiempo después de la muerte.
- Es atraído por los vínculos afectivos.
- Es alimentado por los astros.

EL CUERPO
MENTAL

Características

La forma del cuerpo mental es ovoide y una gran parte de este se encuentra en el interior del cuerpo físico.

El cuerpo físico está vitalizado por el doble etéreo, el cual es alimentado por el astral, que es alimentado por el cuerpo mental, y este a su vez debe someterse al cuerpo causal.

Como sucede en el cuerpo astral, también en el mental la materia sutil que lo compone no está formada por partes individuales, sino que se halla difundida por todo el cuerpo, concentrada en zonas diversas según la actividad psíquica del sujeto: los pensamientos positivos y altruistas gravitan en la parte alta del ovoide, mientras que el egoísmo y todos los pensamientos negativos se concentran en la parte baja. Dicho de otra manera: en el hombre evolucionado el aura asume una gran forma ovoide en la zona superior, y puntiaguda en la zona inferior; sin embargo, en el hombre poco evolucionado, el aura vital se presenta con el ovoide energético ensanchado en la base.

Así como el cuerpo etéreo hace de intermediario entre el físico y el astral, y este último, entre el etéreo y el mental, del mismo modo el mental une el astral con el cuerpo causal.

Al hacer de intermediario como cada cuerpo sutil, el cuerpo mental une el Kâma (deseo) con Manas (mente) para alcanzar un mental superior que es el cuerpo causal. La parte contraria física del cuerpo mental está representada por el cerebro o, mejor dicho, la parte del cerebro astral es aquella que permite actuar al cuerpo mental.

«Cada impulso enviado por el cuerpo mental al cerebro físico debe pasar a través del cuerpo astral. Y puesto que la materia astral es más sensible a las reacciones del pensamiento que la materia física, el efecto sobre el cuerpo astral es proporcionalmente mayor» (Powell, 1937, pág. 117).

El cuerpo mental es la sede del pensamiento, mientras que en el cuerpo astral son los deseos y las emociones los que se generan en él.

Por su naturaleza, el cuerpo mental debería pensar siempre positivamente, en completa serenidad; sin embargo, cada vez que en el cuerpo astral se generan pasiones, emociones o deseos, estas influyen en el cuerpo mental trastocándolo. Quien piensa mal es porque se ha dejado atrapar en el mental por las energías disonantes procedentes del astral. En otras palabras: el cuerpo mental piensa y nada más, las emociones residen en el cuerpo inferior, que es el astral.

Las fuertes emociones, cuando se repiten, se graban fuertemente en el cuerpo astral hasta que consiguen implicar también al cuerpo mental.

Se crean, de este modo, formas-pensamiento que están tan impregnadas de energía que adquieren la identidad de auténticos seres vivos que cohabitan con la mente humana. Ugo Dettore, en su *Dizionario enciclopédico di parapsicología e espiritismo*, nos dice a propósito de la forma-pensamiento:

«Imagen mental intensamente pensada, consciente e inconscientemente, para objetivarse, transformándose en visible y, por lo tanto, en fotografiable. Como fenómeno espontáneo puede manifestarse en condiciones de monoideísmo (predominio de una idea) debidas a la creación artística, a una intensa actividad profesional o a crisis místicas; estas últimas, especialmente en los jóvenes, pueden evocar algunas de las llamadas visiones milagrosas» (1984, pág. 225).

Una idea puede arraigarse tan fuertemente en el astral que puede hacer sucumbir el cuerpo mental, implicando también así al doble etéreo y, por lo tanto, al cuerpo físico. Un ejemplo típico

64

de ello es la creencia popular de que, durante el periodo de embarazo, la mujer debe satisfacer el «antojo» de un cierto tipo de alimento, de lo contrario el niño presentaría en su cuerpo señales llamadas «antojadizas». Para la fisiología tradicional, se trataría de un deseo muy fuerte que afectaría al cuerpo del feto.

CARACTERÍSTICAS DEL CUERPO MENTAL

- Sede del pensamiento exento de valoraciones.
- Une el cuerpo astral con el cuerpo causal.
- No juzga.
- Sede de la creatividad artística.
- Lugar de la fijación de los pensamientos.
- Puede generar contenidos psíquicos autónomos.
- Causa de los trastornos psíquicos, como la psicosis y otras alteraciones de la mente.
- Invita a la creencia religiosa.
- Medio para el autocontrol psicofísico.
- Condiciona colectivamente.

65

La posesión

En psicología, las posesiones se consideran ideas fijas en la mente.

Jung las catalogó dentro de los «contenidos psíquicos autónomos», porque parece ser que se trate de entidades externas que penetran en el alma para subyugarla.

«Estos sistemas parciales se encuentran especialmente en las enfermedades mentales, en las disociaciones psicóticas de la personalidad y muy comúnmente en los fenómenos de los médiums.

»También podemos encontrarlas en la fenomenología religiosa. Por ello, muchas de las divinidades primitivas se han transformado de "personas" en ideas personificadas, y por último en ideas abstractas. En cuanto contenidos vitales inconscientes, estas se manifiestan primero como proyecciones hacia el mundo exterior, pero a lo largo del desarrollo mental son gradualmente asimiladas por la conciencia, a través de la proyección en el espacio y transformadas en ideas conscientes, perdiendo aquel originario carácter de autonomía y personalidad» (Jung, 1981, pág. 41).

Las expresiones populares: «no sé qué me ocurrió», «estaba fuera de mí», «parecía un obseso» indican esa sensación de estar presa de una personalidad que posee el alma y la domina.

La idea de demonios tentadores, según Jung, se debe al efecto interior de los sistemas parciales autónomos.

Muchos trastornos psíquicos derivan de la mala utilización del cuerpo mental.

Las neurosis presentan un desequilibrio entre el astral y el mental; las psicosis, como la paranoia y la esquizofrenia, representan una verdadera y auténtica inversión de las jerarquías, es decir, en lugar de ser el cuerpo mental el que domina al astral, se produce lo contrario.

En general, todos los síntomas maniacos entrarían a formar parte de la anómala relación entre el astral y el mental.

Un aspecto interesante del cuerpo mental es que, mientras el cuerpo astral, bien o mal, es utilizado por todos los hombres y los animales, el mental, por el contrario, en los hombres materiales, pese a estar, es como si no estuviese. Estos no lo usan como vehículo, como medio de conocimiento y evolución espiritual, sino que presas de sus bajos instintos, pasiones y egoísmos, acaban por usar exclusivamente el cuerpo astral.

Las actitudes

La tarea mental es la de hacer comprender, a través de la actividad del pensamiento, que el egoísmo debe apartarse cada vez más para dejar lugar al amor fraterno. Todo eso que colisiona contra dicha realización crea sentimiento de culpa y trastornos mentales que pueden resultar incluso graves.

Al contrario del cuerpo físico y del etéreo, los demás cuerpos sutiles pueden crecer durante toda la vida. Sucede a menudo que el cuerpo mental de un hombre evolucionado es muchas veces más grande que el de un hombre material.

«El cuerpo mental tiene esta peculiaridad: aumenta en grandeza, como también en actividad, a medida que el hombre crece y se desarrolla. El cuerpo físico, como sabemos, se mantiene sustancialmente igual durante un largo periodo de tiempo; el cuerpo astral crece en cierta medida; el cuerpo mental, sin embargo, como el cuerpo causal, se expande enormemente en los últimos estadios de la evolución, manifestando cuándo está en estado de reposo con magníficas radiaciones de luces multicolores y cuándo está en plena actividad con deslumbrantes reflejos de luz» (Powell, 1937, pág. 130).

El cuerpo mental está sometido a los vicios y a las malas costumbres transmitidas por el cuerpo astral. También los prejuicios, las convenciones, los condicionamientos culturales y el etnocentrismo forman parte de un mal funcionamiento del cuerpo mental.

Quien piensa mal desconfía siempre de los demás, tiene un cuerpo mental compuesto de materia burda y dispuesta desordenadamente. El hombre es un ser pensante; como consecuencia, el cuerpo mental pertenece a un mundo más real de aquél material. El hombre es aquello que piensa ser, por eso vive su propia vida en el dolor y la alegría en tanto que mentalmente sabe crearse lo uno y lo otro.

«El mundo mental es, por lo tanto, el país de nuestro nacimiento, el reino al que verdaderamente pertenecemos, ya que nuestro ambiente natal es el de las ideas y no el de los fenómenos físicos» (Powell, 1937, pág. 252).

Se podría decir que en el cuerpo mental debe explicarse el pensamiento que se piensa a sí mismo, es decir, un pensamiento que se mueve sobre las alas de la libertad, por encima de la materia y de las emociones: la impersonalidad como moderado comportamiento de una fraterna convivencia.

Otro aspecto particular del cuerpo mental es que no se cansa, es decir, puede continuar aprendiendo y creciendo sin descanso; de hecho, actúa también durante las horas de sueño. Sin embargo, lo que sí se cansa es la parte material del cerebro, a través de la cual el cuerpo mental se manifiesta.

Al tratar la relación mente-cerebro, surge la pregunta relativa a la ubicación de la memoria, ¿dónde se acumulan las informaciones recuperables en el futuro?

Parecería que la memoria ordinaria, es decir, la almacenada a largo plazo, forme parte del cuerpo mental y que sea el resultado de la posibilidad, que nos viene dada, de disponer de métodos de reconstrucción de materia sutil del cuerpo mental.

En ese sentido debemos recordar la hipótesis de Chomsky[10] por lo que respecta a la reconstrucción continua de material que yace en la memoria y que es reelaborado cada vez que se hace necesario reconstruir una información, como si una parte de lo conocido fuese innata y las cualidades mnemónicas dependieran, en gran medida, de este aspecto.

Esta hipótesis, trasladada al mental, confirmaría la estructura de la materia mental sutil que forma el cuerpo mental y la capacidad más o menos relevante de reordenar en él todas las informaciones.

«Es precisamente en el campo mental donde la memoria y la imaginación toman cuerpo.

»El germen de la memoria reside en la inercia de la materia, que es una tendencia a repetir, bajo la acción de la voluntad, las vibraciones ya acaecidas [...].

»El procedimiento se desarrolla de la siguiente manera: el acto del pensamiento concreto hace vibrar la materia del cuerpo mental; esta vibración es transmitida a la materia más densa del cuerpo astral del pensador; por lo tanto, toca a las partículas etéreas del cerebro, y finalmente por medio de estas entra en acción la aún más densa materia gris del cuerpo denso. El procedimiento descrito puede ser posteriormente aclarado.

»Cada partícula del cerebro físico tiene su contrapartida astral, la cual a su vez tiene su contrapartida mental. Suponiendo, pues, por comodidad de estudio, que el cerebro físico se extendiera sobre una superficie plana, de forma que tuviese el espesor de una partícula, la correspondiente materia astral y la mental es-

---

10. «Chomsky Noam Auram, nacido en Filadelfia en 1928, propone la idea de una gramática generativa que distingue una "estructura profunda" de un nivel más abstracto, en el cual se organiza una secuencia formal» (Rovatti P. A.: *Dizionario Bompiani dei filosofi contemponaei*, pág. 84).

tarían extendidas en estratos correlativos, la astral un poco por encima de la física, y la mental un poco por encima de la astral» (Powell, 1937, págs. 26-27).

Existen algunas facultades que residen en el plano mental, como la intuición, la posibilidad de percibir sin la ayuda del razonamiento y de la experiencia; y también la concentración, como el fijarse en un pensamiento sin ningún esfuerzo mental. La práctica de la meditación se desarrolla principalmente en el cuerpo mental.

Durante la meditación, se elimina la egorreferencia, pues hay que decir que no es posible autoidentificarse o autorreferir las experiencias al propio ello somático-anímico; se produce entonces la fusión entre conocedor y conocido.

En la meditación, al faltar la egorreferencia, la esterocepción (percepciones fuera) y la propiocepción (percepciones dentro) se unifican y se activa la sensación de todo dentro y todo fuera al mismo tiempo, como si el hombre estuviese en el mundo y el mundo en el hombre.

La meditación es una autodisciplina que, a través del uso del cuerpo mental, conduce a la liberación de las ilusiones. La meditación no es intelectualización, sino libertad de pensamiento, descondicionamiento.

Su meta es el conocimiento de la unión con la conciencia cósmica.

El aura vital

El concepto del aura, entendida como un elemento luminoso que rodea el cuerpo de los vivos como representación del cuerpo astral, se halla arraigado en el hombre desde la Antigüedad. Este halo rodea al hombre, asumiendo la forma de un huevo. Muchos videntes sostienen que ven el aura de las plantas, de los animales y de los hombres. El aura vital es considerada como atmósfera personal representante del cuerpo etéreo y astral.

Afirmar que se trata de la representación energética del alma es, quizá, excesivo, pero esta definición se acerca mucho al concepto esotérico. El aura vital varía continuamente sus propias características cualitativas, manifestando la actividad del cuerpo astral; de este modo revela cada estado emotivo y físico y, por lo tanto, vital. El aura varía con el reposo, la ira, la concentración, etc.

También el grado de evolución espiritual se halla grabado en el aura humana. Por lo tanto, afirmar que este halo es la fotografía del alma no es nada disparatado.

El aura se colorea de muchos cromatismos y su color es debido a la acción de los puntos chakra. Estos centros de conciencia (llamados también *Loti*) son zonas energéticas que unen los cuerpos más sutiles con el cuerpo físico. El aura vital, sin embargo, no es visible con los ojos, pues sólo un vidente, a través de una «percepción sutil» puede verla.

El hombre no es sólo un ser físico y pensante, sino también un ser anímico y espiritual, y como tal, decide para el bien o el mal de su universo, compuesto de órganos y células, que, sabiamente gobernadas o estúpidamente dirigidas, colaboran u obstaculizan la existencia. El hombre asume, de este modo, el rol de «divinidad» y siente que, como todo buen responsable, debe conocerse y amarse a sí mismo. El alimento, los pensamientos, los comportamientos, se convierten en un medio para la autorrealización; el aura vital asume, de esta manera, la forma y el color del modo de vivir caótico o de la vigente armonía.

LA RESPIRACIÓN ASTRAL SEGÚN PARACELSO

Los astros respiran su propia alma y se atraen el soplo los unos a los otros; el alma de la tierra se disuelve en nosotros y formula así el pensamiento y el verbo de la humanidad.

La parte prisionera de esta alma es muda, pero sabe los secretos de la naturaleza.

La parte libre ya no los sabe, pero habla y debe reconquistar la ciencia. Los astros se engañan a menudo acerca de la manifestación extrema de su vida; en el sentimiento interno que estos poseen, ya no se pasa de la beatitud encadenada y vegetativa a la beatitud libre y viva si no es cambiando de medio y de órganos: de ahí viene el olvido que precede al nacimiento y el recuerdo vago que forma las intuiciones.

EL CUERPO CAUSAL

Características

En sánscrito, al cuerpo causal se le denomina *Kârana Sharîra*, indicando que esta es la causa primera de la vida del hombre, la motivación por la cual él vive en la Tierra. Se le llama también «cuerpo del discernimiento», en sánscrito *Vijnânamayakosha*, y su principio divino correspondiente es Manas superior.

«En la clasificación de los cuerpos del hombre como envoltura, al cuerpo causal se le denomina envoltura de discernimiento, tal como se indica en la siguiente tabla:

PRINCIPIOS EXISTENTES EN EL HOMBRE	KOSHA O ENVOLTURA EN SÁNSCRITO	KOSHA O ENVOLTURA EN ESPAÑOL
Budas	Anandamayakosha	de la beatitud
Manas superior	Vijnânamayakosha	del discernimiento
Manas inferior o Kâma	Manomayakosha	de la sensación
Prâna	Prânamayakosha	de la vitalidad
Sthûla	Annamayakosha	de la nutrición

»En la palabra *Vijnânamayakoska* la partícula *vi* indica el discernimiento, la distinción y el orden de las cosas, ya que esa es la función particular de esta envoltura. En Vijnânamayakoska o cuerpo causal se realizan las experiencias derivadas del Manomayakosha en forma de conceptos ideales. El Manomayakosha reúne y elabora, el Vijnânamayakoska dispone y discierne» (Powell, 1940, pág. 96).

Este cuerpo es el único en el cual existe el plano nouménico, es decir, la percepción de la pura esencia de las cosas completamente separada de sus fenómenos y de la subjetividad anímica, sin la interferencia de la materia y la distracción que las envolturas inferiores pueden acarrear; se podría decir que el contenedor es superado y se comprende el valor del contenido.

En el cuerpo causal se hallan depositados todos los vestigios que, vida tras vida, se han ido acumulando. Eso es posible porque, mientras los cuerpos sutiles (etéreo, astral, mental) son abandonados a su muerte, el cuerpo causal perdura y se reviste de nuevo de otros cuerpos sutiles, es decir, se reencarna.

Separar la presencia del cuerpo causal de la doctrina de la reencarnación no es posible.

Allí donde se cree en la posibilidad de renacer nuevamente en nuevos cuerpos físicos, se cree, al mismo tiempo, que el hombre está compuesto de varias partes, y que algunas de ellas perduran vida tras vida.

Afirmar, sin embargo, que el cuerpo causal es inmortal sería erróneo; este es «relativamente inmortal», porque al finalizar el ciclo de la experiencia, también esta envoltura se disolverá saliendo del ciclo de las reencarnaciones, el Samsara del hinduismo.

El cuerpo causal se considera relativamente inmortal, porque, a diferencia del cuerpo físico, puede vivir miles y miles de años. Mientras los cuerpos inferiores al cuerpo causal, impropiamente definidos como más espesos, componen la personalidad del individuo, el cuerpo causal representa el grado evolutivo y de libertad.

Los otros cuerpos sutiles son temporales y entretejidos de vida en vida durante el periodo del embarazo, utilizando el material presente en los correspondientes planos. El causal, sin embargo, ha tenido su origen en una remota génesis primordial, en

CARACTERÍSTICAS DEL CUERPO CAUSAL

- Lugar del discernimiento.

- Posibilidad de pura excepción.

- Es relativamente inmortal.

- Se reencarna revistiéndose cada vez de nuevos cuerpos sutiles.

- Aumenta y mantiene el conocimiento individual; sirve de depósito de almacenamiento.

- Su tarea principal consiste en conducir al hombre desde su desconocimiento a la conciencia total.

- Puede considerarse como el «carro de la vida», en el sentido de transporte o vehículo.

- Es el receptáculo de todo aquello que está relacionado con el mundo espiritual.

- Posee la facultad de síntesis.

- Es la sede de la intuición intelectual.

73

la cual vivían las almas de grupo privadas de identidad individual, identidad adquirida después por medio de fragmentaciones que en esta exposición no vienen realmente al caso.

En definitiva, podemos decir que se trató, y se trata todavía hoy en día, de un plano divino en que los seres humanos desarrollan un rol particular, mediante el cual la divinidad puede realizar su Gran Obra que, por lo que nos afecta y compete, se refiere al campo de la evolución en nuestro sistema solar.[11]

El cuerpo causal puede considerarse como un molde que nosotros mismos modificamos vida tras vida y que imprime, en

11. «El campo de evolución en nuestra sistema solar está formado por siete planetas o mundos; estos pueden considerarse que están agrupados en tres grupos: 1) el campo de la manifestación del Logos; 2) el campo de la evolución supernormal; 3) el campo de la evolución humana normal, animal, vege-

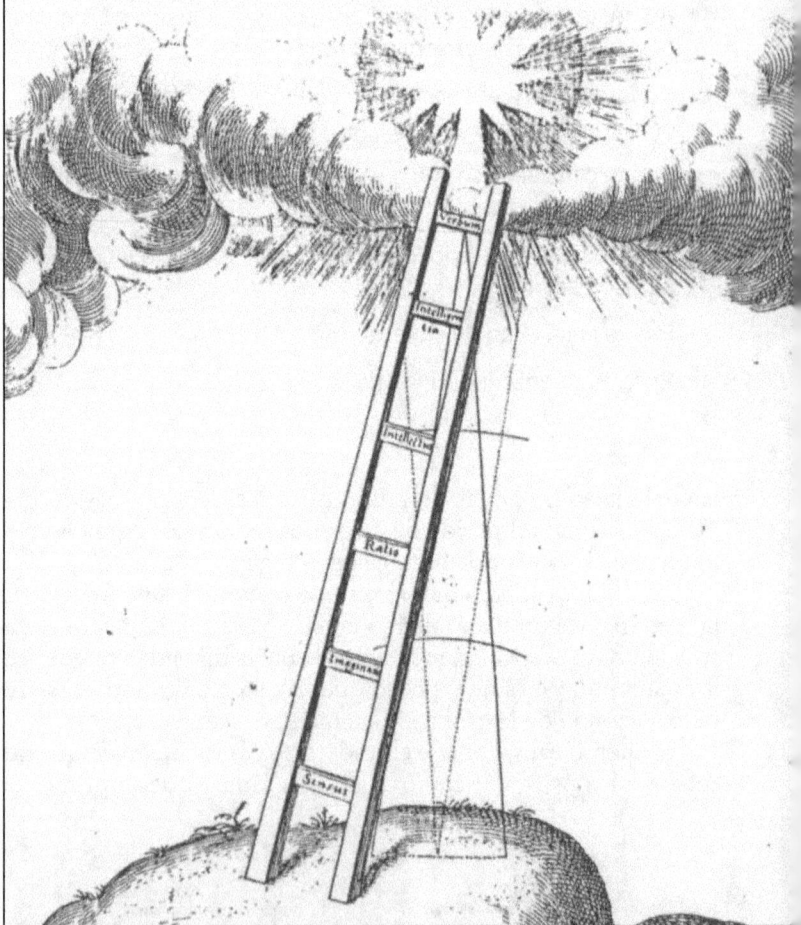

Ilustración aparecida en 1872 en la revista *Illustrated Police News*.